激活孩子的内驱力

钱惠华 —— 著

机械工业出版社
CHINA MACHINE PRESS

为什么幼儿时期每天问"十万个为什么"、充满好奇心的孩子们，到了学龄期，却逐渐失去了探索知识的动力和兴趣呢？

本书为大家揭秘孩子持续成长的关键力量——内驱力。

从亲子关系、性格特点、"三力"培养、有效沟通四个维度展开，讲述父母如何在不同的年龄段保护和激活孩子的内驱力，并与孩子产生精神共鸣，给予孩子充足的精神营养，帮助孩子全方位成长。

本书作者从20多年积累的10000多个家庭咨询的个案经验中归纳总结，通过系统的理论、多情景案例，帮助家长找到激活孩子内驱力的金钥匙。面对不确定的未来，内驱力将激活孩子心底的求知欲和行动力，使孩子具备成长型学习能力，并受益终生。

图书在版编目（CIP）数据

激活孩子的内驱力 / 钱惠华著. —北京：机械工业出版社，2023.4（2023.9重印）

ISBN 978-7-111-72791-0

Ⅰ.①激… Ⅱ.①钱… Ⅲ.①儿童教育－家庭教育 Ⅳ.①G782

中国国家版本馆CIP数据核字（2023）第046330号

机械工业出版社（北京市百万庄大街22号 邮政编码100037）
策划编辑：刘 岚 责任编辑：刘 岚
责任校对：王荣庆 陈 越 责任印制：单爱军
北京联兴盛业印刷股份有限公司印刷
2023年9月第1版第2次印刷
145mm×210mm·6.75印张·127千字
标准书号：ISBN 978-7-111-72791-0
定价：59.80元

电话服务　　　　　　　　　网络服务
客服电话：010-88361066　　机 工 官 网：www.cmpbook.com
　　　　　010-88379833　　机 工 官 博：weibo.com/cmp1952
　　　　　010-68326294　　金 书 网：www.golden-book.com
封底无防伪标均为盗版　　机工教育服务网：www.cmpedu.com

序　言

1. 为什么孩子品学兼优，却不爱学习？

外甥女 10 岁生日前不久，我问她："马上就到你的生日了，大姨提前祝你生日快乐呀，你希望收到什么生日礼物呢？"

她说："都可以，只要不是《黄冈小作文》就行。"

儿子听到，调侃说："好的，哥哥不送《黄冈小作文》，送《五年高考三年模拟》，从小抓起，每天多刷一道题，保送清北……"

孩子们童言无忌，我却被勾起了好奇心：是什么让他们下意识说出这样的玩笑话？

于是我问外甥女："这个《黄冈小作文》，让你很烦恼，是吗？"

"是的，每天很多作业，想到作业就不开心，很烦恼……"

"谢谢你，告诉大姨你的烦恼。大姨眼中的你，每天自律自主，第一时间完成作业，不用父母操心，还是老师的小助手，班里的大班长，没想到你也有这样的烦恼。那你是如何成为同学们的榜样，当选班长的呢？"

"我能当班长，不是因为我爱学习，是因为我人气高……不过我的学习还可以啦。虽然不喜欢，没办法，也得学。我觉得我们班里 45 个同学，应该没有谁真的热爱学习吧……"

外甥女的回答让我很诧异！一个老师、父母眼中优秀自律的孩子，却不喜欢学习，认为没有人真的爱学习。这个优秀的孩子，内心有许多大人没看到的烦恼、迷茫、无助、不知所措……

说到这里，为人父母的你，是否和我一样，有一种急迫感，想知道自己的孩子是否真的热爱学习，想知道我们可以做些什么，让孩子明白学习的意义，真正爱上学习，把学习当作终身习惯。

那么，跟我来，我带你一起读懂孩子，并在恰当的时候，给予孩子最好的支持，完成他们人生中最重要的蜕变，让学习变成自动自发地习惯，持续终生。

2. 问题源头是缺乏内驱力

我从事心理咨询工作 20 年，一对一服务超过 10000 个家庭。这些年，我每天都在和父母、孩子打交道。我发现，缺乏内驱力是许多孩子出现学习问题的源头。

孩子的天性是好奇的，这种好奇心让他们抱持着极大的热情，通过学习了解新事物，探索未知世界。但是在成长的过程中，不少孩子逐渐失去了这种好奇心和学习的热情。

来咨询的父母经常问我："现在的生活条件那么好，孩子们吃得好穿得好，也不用做家务，只有学习一件事，为什么还动不动说学不动、不想学，一点学习积极性都没有？"

很多时候，孩子不爱学习，还会影响到整个家庭。2022年4月，我接到一位妈妈的求助。她说，孩子才上二年级，就已经非常抗拒学习：上学一年多，每天写作业要4~5个小时；恐惧上学，一个星期只能去学校上1~2天课；孩子的睡眠和精神状况也十分不好。面对孩子的情况，她和孩子爸爸很焦虑，经常因为孩子的事情发生争吵，家庭气氛变得非常紧张，原本和谐有爱的小家庭变得鸡飞狗跳。

总结分析大量咨询案例后，我发现，越来越多的孩子出现了学习内驱力不足的问题，孩子厌学现象严重，而且呈现出低龄化的趋势。

特别是疫情以来，为此来咨询的父母越来越多。分析原因，主要有以下三点：

第一，疫情期间，孩子们不能出门，没有同学交流陪伴，社交时间匮乏，再加上长时间上网课，学习过程枯燥乏味，很容易在上网课后沉迷于电子产品。

第二，父母要兼顾工作，无法给孩子提供高质量陪伴，孩子缺乏情感支持，更容易从游戏、网络小说等精神快消品中寻找慰藉。

第三，受疫情影响，许多家庭收入减少。在健康和经济的双重压力下，焦虑情绪在家庭场域中直接波及孩子，使孩子也出现烦躁、焦虑、抗拒的情绪，进而影响孩子学习的主动性，甚至发展到厌学的程度。

疫情在一定程度上激化了矛盾，但问题的根本还是在于孩子内驱力的减弱，甚至是消失。

孩子缺乏内驱力，不仅会厌学，还会缺少价值感、意义感、成就感，容易沉迷在即时反馈、容易产生快感的活动中，如玩游戏，看小说、漫画，追星、追剧，等等。长期缺乏内驱力，孩子还有可能产生抑郁、焦虑等情绪问题，如果得不到及时调节，就会发展为心理疾病。

而且，我发现，几乎所有因为孩子厌学而来咨询的家庭都存在一个问题：父母和孩子是背道而驰的。

我经常会在课堂上问孩子们："你们为什么要学习？"

孩子们的回答五花八门。有的孩子回答："为了考上高中，然后上大学。"我再问他："那上了大学呢？"他就说："不知道，上大学就算完成学习任务了。"另一个孩子说："因为妈妈告诉我，我如果上不了大学，以后只能够扫大街。"所以在这两个孩子心里，学习是为了上大学，上大学是学习的终点站。

有孩子回答：“因为爸爸妈妈逼着我学的，没办法。”这个孩子迫于父母的要求不得不学习。

还有孩子回答：“因为大家都在学，如果我不学，我就没地方去啊。”这个孩子是按照社会的要求，到了年龄就读书，读书是为了社交，在学校里和朋友一起玩。

在这些孩子的心里，学习是一件可有可无的事情，他们并不喜欢学习，对学习几乎没有任何期待。

同样的问题，问孩子们的父母，回答却截然不同。现如今青春期孩子们的父母大都是 70 后或 80 后，他们认为，必须要学习，因为“要从农村走向城市”“要改变家族贫穷的命运”“学好数理化，走遍天下都不怕”……

对于这些父母来说，物质的匮乏让他们强烈地想要改变命运，改变生活的现状。而读书，是改变命运的最优途径。

今天的孩子们，生活在一个物质空前丰盛的时代，他们几乎没有经历过贫困的生活，“知识改变命运”这一动机，已经无法激发他们学习的内驱力了。

马斯洛需要层次理论将人的需求由低到高排列为 5 个层次，依次是：

• 生理需要

• 安全需要

• 爱与归属需要

- 尊重需要

- 自我实现需要

该理论指出，人人都有需要。当一个需要被满足以后，新的需要才开始出现；当多种需要同时存在的时候，人们会先满足更迫切的需要。

父母那一代物质比较匮乏，人们最迫切的是满足生存需要。而孩子这一代生活在物质丰富的年代，生存需要得到了极大的满足，他们要追求更高层次的需要。但父母还停留在给他们提供最好的物质享受的层面，所以孩子对于安全、爱与归属、被尊重的需要都没有得到满足。

了解了两代人在需要上的差异后，作为父母，在问孩子"物质生活如此丰富，为何反而不愿学习"时，也请问问自己：是否给予了孩子足够的爱和陪伴？是否让孩子感受到被尊重？如果都没有，又怎能要求孩子产生自我实现的需要呢？孩子没有实现自我价值的意愿，又何谈拥有内驱力，自动自发地去学习精进？

我们今天的家庭，对孩子的支持不能仅仅停留在衣食无忧的表层，而是要从精神层面激发孩子的内驱力，给孩子足够的尊重，满足孩子的归属感需求，让孩子顺利达到自我实现的需要层次。帮助他绽放天赋，找到梦想和使命。这样孩子才会有动力不断学习成长，活出自己的人生价值。

3. 20年10000多个个案，带你在问题中觉醒

如果你的孩子缺乏内驱力，你却不知该如何是好，请不必过度紧张。换一个角度想，遇到问题，正是觉醒的机会。

作为父母，你的孩子是否正在经历，或曾经经历过以下问题：

①学习类

学习态度消极：写作业磨蹭拖拉，敷衍了事；贪玩；不谈学习母慈子孝，一谈学习就鸡飞狗跳。

学习过程不专注：经常收到老师的反映，上课不认真。

学习成绩不稳定：平时会的题目一到考试就会出错，害怕考试。

②习惯类

运动习惯：不愿意运动，只喜欢电子产品。

睡眠习惯：早上不肯起，晚上不肯睡，经常熬夜。

生活习惯：不收拾自己的房间、书包。

行为习惯：不遵守承诺，没有自控力，约定好使用电子产品的时间却每一次都超时。

③社交类

在校：内向，缺乏自信，不懂得跟同学如何相处，跟同学发生冲突；早恋。

在家：情绪暴躁，常常发脾气；不愿意和父母沟通；叛逆。

对于上述情况，如果你一直用"问题"的视角来看，那它永远是个问题，且会越来越严重。事实上，所有的问题和亮点都是同时存在的，就像硬币的正反面，就看你是否愿意转换视角。你用什么样的视角来看孩子，你就会培养出什么样的孩子。站在问题的角度看孩子，孩子满身都是问题；站在亮点的角度看孩子，孩子满身都是亮点。

当孩子出现"问题"时，其实是他在表达他的需求。从心理学的角度分析，当孩子的内在需求无法得到满足时，他就会通过负面的情绪和行为呈现出来。你看到的所有孩子不爱学习、不良的行为习惯、暴躁畏难的负面情绪，背后的根源，都和孩子的精神需求未被满足有关。所以，当孩子的行为习惯出现了让你警惕的地方时，不必过于焦虑不安，用觉醒的视角来看待，付出足够的耐心和智慧，就能够慢慢化解并改善，甚至让孩子脱胎换骨。

我很感激这 20 年间遇到的每一个个案，在与超过 10000 个家庭的互动过程中，我感受到了他们的困惑和苦恼。也正是他们的信任，让我有了力量和决心：将我的理念和经验总结成理论和案例，传递给更多有需要的父母。

本书将从如何与孩子产生精神共鸣的角度出发，给予父母指导和建议，让父母有能力满足孩子安全需要、爱和归属需要，以及被尊重的需要，让孩子到达自我实现需要的层次，从而真正唤醒孩子的内驱力！

　　书中囊括了我多年的经验和研究成果，从理论到实操，关于什么是内驱力，父母应该如何做，都有详细具体的阐述，更有简单实用的工具，让你读完就会用。

　　你是否也跟我一样充满期待呢？现在，就让我们一起开启唤醒孩子内驱力的全新之旅吧！

目　录

03 　第三章

激活孩子内驱力，性格色彩助你一臂之力 / 073

第一章 ————————————

为什么
要激活孩子的
内驱力？

 什么是内驱力？

孩子拥有内驱力的意义

内驱力由瑞士著名哲学家，分析心理学创始人——荣格提出。他认为，内驱力是在需要的基础上产生的，是推动有机体活动去追求需要满足的内部动力。简而言之，内驱力是我们为了满足自己需求而主动去做点什么的内部动力。内驱力引起内心的反应，反应引发行动，行动促使需要得到满足。从定义来看，内驱力与外界的压力无关。

我们常常听说那些"别人家"的孩子：学习认真自觉，作业按时完成，兴趣爱好广泛，作息习惯良好……从学习到生活，他们各个方面的表现都非常优秀，自己能管好自己，似乎从来不需要父母操心。

我们也能看到一些父母与孩子成天"斗智斗勇"。早上叫起床，就是一场亲子"混战"。紧接着是洗漱、吃早餐、上学，样样都要靠吼。到了晚上，父母工作一天后疲惫地回到家，还要继续督促孩子学习。

孩子这两种截然相反的表现，关键就在于是否拥有内驱力。

当一个孩子拥有强大的内驱力时，他会有自己的目标，会积极主动地学习、生活。无论碰到什么样的困难，他都不会被打倒，也不会被环境所左右。为什么这么说呢？因为内驱力是孩子为了满足自己的需求，产生的一种由内而外自发生长的动力。这种动力无比稳固，无比坚韧。

有内驱力的孩子能主动观察，主动表达，主动动手，主动思考，自己得出结论。所以，有内驱力的孩子参与度高，行动力久，成就感足。

没有内驱力的孩子的人生是被动的，就像拉弓射箭却没有靶心，不知该射向何方！他们没有强烈的自我实现的意愿，容易被外部的诱惑所干扰；无法持续在一件事情上深耕细作，就难以在自身学业和个人成长上取得突破性的成就。

辨析外驱力，避免错而不知

内驱力的对立面是外驱力。顾名思义，外驱力就是外部的动力，最大的优势是立竿见影。

比如一个 6 岁的孩子特别喜欢吃糖，父母希望他多阅读，就和他说："每天看三本绘本，就可以吃一颗糖。"为了得到糖，孩子会乖乖地阅读。

　　一个 8 岁的孩子，喜欢吃麦当劳，不爱运动，父母和他约定：每天晚上跟着妈妈一起跑步 30 分钟，一个星期不间断，就每周末带他去一次麦当劳。孩子因为对麦当劳的渴望，真的会乖乖跑步一个星期。

　　一个 13 岁的孩子马上要期末考试，爸爸和他说："如果考到年级前三名，暑假全家人一起去旅游；如果没有考到，暑假作业翻倍，不准玩手机。"

　　这里的糖和麦当劳、旅行和作业就是外驱力。父母给予外在的奖励或惩罚，希望孩子能达成某个目标。孩子做好了有奖励，做不好就会被惩罚，也是我们俗称的胡萝卜加大棒。你是不是也对孩子用过这一招呢？是不是也觉得用起来事半功倍呢？

　　可怕的是，如果你经常用这一招，很快就会发现外驱力的劣势：

1. 外驱力无法持续发挥作用

　　在孩子小的时候，使用外驱力效果明显。随着他逐渐长大，"屡试不爽"的奖励或惩罚所能发挥的作用会逐渐减小，直至失效。

　　如果一直以外部奖励驱动孩子，孩子很可能会出现"无利不起早"的情况：有奖励的时候，孩子会为了奖励而努力，完全不关注事情本身，只想完成任务拿到奖励；没有奖励的时候，孩子的行为会出现倒退；奖励不够大的时候，孩子会和父母"讨价还价"；还有的孩子干脆拒绝配合，不行动，也不要奖励，就是现在经常说的"摆烂"。

原因很简单，人会不断变化，大人如此，孩子自然也是。孩子慢慢长大，他的需求会变化，他的喜好也会发生变化。一颗糖，可以让一个6岁的孩子乖乖去看绘本，但绝不可能让一个不爱学习的高中生去认真看书。

当原有的奖励或惩罚渐渐失灵，外驱力无法发挥作用时，有的父母会选择增加筹码，给孩子更大的奖励，或更严厉的惩罚。接下来，父母和孩子会重复外驱力"奏效—失灵—加码"这一过程。其实，外驱力失灵的时候，是改变的最佳时机。因为孩子的基本需求得到了满足，不需要外在的刺激，他有了自己的独立想法，父母可以抓住这一时机，激发孩子的内驱力。

2. 从长远来看，外驱力会消磨孩子的兴趣爱好

如果孩子一开始是为了看电视而吃饭，为了吃糖才看绘本，为了玩游戏而运动，为了不受惩罚而做作业，慢慢会发展为不给糖就不看绘本，不让玩游戏就不运动，不严厉要求就不做作业。最终演变为不爱阅读，不爱运动，也不爱学习。原因

在于，外驱力使得孩子的目标偏移了，他更关注如何努力得到奖励，如何不被惩罚，原本因好奇心而引发的兴趣爱好在这个过程中被消磨了。

有两个非常著名的心理学实验，证明了这个结论。

第一个实验是"德西效应"，心理学家德西找到100个孩子，让他们解一些非常难的难题。这个实验共分为三个阶段：

第1个阶段，所有的学生解出难题都没有奖励。

第2个阶段，把学生分成两组，第1组解出难题依然没有奖励；第2组每解出一道难题给一美元奖励。

第3个阶段，休息时间，学生们可以自己选择休息，或者继续解题。

这项实验把学生们是否会继续解题作为判断学生对解题兴趣的指标。

实验中发现，在第2个阶段，解题有奖励组比解题无奖励组更加努力。到第3个阶段，学生选择是否继续解题，出现了明显的差别。

第2个阶段的解题有奖励组在第3个阶段选择继续解题的学生非常少，这说明，学生们解题的兴趣在失去了外部奖励之后，减少得比较快。

第2个阶段的解题无奖励组则有更多的人选择在第3个阶段继续解题，这表明他们解题的兴趣在没有任何外在奖励的情况下，反而在增加。

实验结果说明，当人们进行一项愉快的活动（内驱力）时，如果提供外部物质奖励（外驱力），反而会减少这项活动对参与者的吸引力。

第二个实验是斯坦福大学和密西根大学的两个心理学家所做的"画画实验"。

他们找来一群非常喜欢画画的孩子——在没有任何人干预的情况下，这些孩子在自由活动时间最常选择去画画。实验随机分了两组：

有奖励组。在孩子们开始画画之前，告诉他们，画画之后会得到一个漂亮的奖章。当孩子们画完了，每人都得到了奖章。

没奖励组。让孩子们直接开始画画。之前不提奖励，之后也没有奖励，就是让孩子自主自发自由地画画。

实验完成后，实验者继续观察追踪孩子们的情况，看他们是否会在自由玩耍的时间里主动选择画画。实验者们记录下了孩子们选择画画的概率，统计发现：

有奖励组：8.6% 的孩子选择画画；

没奖励组：16.7% 的孩子选择画画。

实质性的奖励确实产生了相反的效果，孩子的内驱力直接减半。本来热爱画画的孩子，因为得到过奖励，反而不那么爱画画了！

透过两个心理学实验，我们可以得出一个结论：任何一项提供外部物质奖励的活动，都会减少这个活动对参与者内心的吸引力。于孩子而言，外部奖励暂时地激发了他们的行为，但它迅速地消磨了孩子的好奇心和兴趣，削弱了孩子的行动质量，最终的结果适得其反。

从长远发展来看，如果一个孩子一直由外驱力支撑，总是处于被动，习惯被外界推着走，那他很难发自内心地去做一件事，原本的兴趣爱好会逐渐消失。孩子内在缺乏自信心、自主感和成就感。一旦外驱力消失，他很容易就此止步，不再向前。

3. 外驱力还会破坏亲子关系

外部奖励是最容易做到的选项相比思考原因、改变自己，直接把奖励给孩子，太容易。

设想一个这样的场景：你工作一天已经累了，回到家就想早点休息，但孩子还不肯上床睡觉。为了让他迅速上床乖乖睡觉，把他最喜欢吃的巧克力作为诱饵，跟他说："如果你现在上床，妈妈就给你一块巧克力。"孩子特别喜欢巧克力，于是他高兴地按你的要求，乖乖上床睡觉。

只要一块巧克力，就能轻而易举地解决眼前棘手的问题，谁还愿意费心地找出孩子不肯睡觉的原因。

事实上，孩子不肯睡觉，背后的原因有很多，可能是怕黑、受到惊吓、没有安全感；还有可能是有很多的情绪没有得到释放，导致晚上烦躁不安；也有可能是白天的能量没有耗尽，或是希望获得父母的关注……

当父母用外部奖励快速解决问题时，就失去了一次深入了解孩子、发现孩子行为背后原因的机会，同时给孩子传递了一个信息：我对你的感受，并不在乎也不感兴趣，你只要按照我说的做，做我觉得对的事情就好了。奖励，是你应得的报酬。

孩子是聪明而敏感的。得到奖励的孩子，很快就能学会如何扮演父母期望的角色，并以此来获得奖励。这个过程中，孩子真实的自己被无意识地隐藏起来，父母也许再也没有机会看到。而孩子的内心没有得到最亲近的人的理解，会产生价值观的偏离，会影响他们对身边事物的评估和判断。

所以，靠奖励建立起的亲子关系，犹如空中楼阁，父母看到的孩子是不真实的，孩子也感受不到父母的爱和尊重。父母和孩子本应亲密无间地联结，却被奖励割裂，无法相互理解，又何谈良好的亲子关系呢？

作为父母的你，读到这里，可以反思一下自己和孩子之间的互动，看看自己是否将外部奖励作为主要教育方式，简单粗暴地用奖励推动孩子的行动，从未意识到要激发孩子的内驱力。

有内驱力的孩子，潜力有多大?

我们先来看一个奥运冠军的故事。

2021 年 8 月 29 号，东京残奥会女子 50 米自由泳决赛（视觉障碍 S11 级）进行重赛，中国选手马佳以 29 秒 20 的成绩打破世界纪录，"再次"拿到该项目的冠军。

之所以说"再次"，是因为在两天前的比赛中，马佳已经以 29 秒 46 的成绩夺得该项目金牌，并打破世界纪录。但赛后有选手提出抗议并被组委会承认，导致比赛成绩取消，需要重赛。

想象一下，当你在比赛中竭尽全力，冲向终点，打破世界纪录，满心激动地领取金牌，走下领奖台时，却被突然告知成绩取消，必须重赛，你会是怎样的感受？

苦练这么多年，得到金牌又瞬间失去，还被质疑不具备实力，对一个职业运动员来说，是一个极其重大的打击。

但马佳，这个年仅 23 岁的女孩，扛住所有的压力，坦然接受现实，以最快的速度调整自己的状态，把外界所有的干扰降到最低，淡定地应对周围的环境，积极准备比赛。

重赛中，她不仅再一次获得金牌，甚至再一次打破自己两天前刚刚创下的世界纪录。这一刻，她用实力，让所有的质疑戛然而止，赢得了属于她的掌声和荣誉。

这个出生于河北贫寒家庭的年轻女孩，从小双目失明，游泳是她生命中最闪亮的光芒。因为眼睛看不见，她要付出比常人多千百倍的努力。

能做到这一切，是因为马佳拥有强大的内驱力。这种内驱力激励着她勇往直前，不被外界的批判挫折阻碍，不被外界的声音干扰和左右。被强大的内驱力支撑的人生，在黑暗中也能找到光明的力量。

从马佳身上，我们可以看到拥有内驱力的孩子有两个显著的特点：拥有较高的自我价值感，精神满足，不需要通过外在的物质来填补；拥有很强的自觉性，不会把训练当成一种被动的任务，勇敢、坚持不懈，并且充满韧劲，有很强的自我管理和约束能力。

有内驱力的孩子，自我价值感高

自我价值感，指的是一个人看待自己的方式，以及对自身价值所抱有的信心。

每个人的自我价值感最初的来源是家庭，也就是在小的时候，父母或最亲近的家人赋予他的价值感受。而成长的过程就是不断地形成对自身价值的认识和肯定。

内驱力能够培养孩子的"自我价值感"。拥有内驱力的孩子对外界保持着"积极"的态度，他们会坚定地认为"我能""我可以"，缺乏内驱力的孩子则往往觉得自己"没有可能""没有资格"。

拥有内驱力的孩子，会带着好奇心去探索未知，这会为他们带来"内在的积极奖赏"。当父母不断鼓励他的行为时，他的自我价值感会变高。当他们确认并肯定了自身内驱力时，就会继续下一次行动。内驱力会不断为他的行动注入动力，形成良性循环。内驱力和父母的鼓励，将不断为孩子赋能，提高孩子的自我价值感。

孩子拥有内驱力，有更高的自我价值感，不仅仅表现在拥有主动学习的动力和与人交往的能力，更重要的是他能够主动面对自己的需求，思考如何靠自身的努力满足需求。在当下的学习以及未来的工作中，他都能启动内驱力，在学习工作中找到乐趣，会把战胜困难当作游戏的关卡，一关一关去突破，并在闯关的过程中不断提升自己的能力。孩子在一次次的肯定中收获自信，积极主动地挑战困难，在过程中体验充实，在成果中得到满足；在遇到挫折时，他们还会懂得如何应对，不断成长，创造新的可能。

有内驱力的孩子，自我管理能力强

自我管理能力，是一个人一生中需要具备的重要能力之一，它包括了自我认识、自我评价、自我选择、自我控制、自我计划等多方面的能力。

具备良好自我管理能力的孩子，拥有的是自我成长和完善的能力，他们会确立明确的目标，在内驱力的驱动下，有意识有目的地对自己的行为习惯、思维认知，进行认识、控制、调整，更好地认识自我、发展自我。

缺乏自我管理能力的孩子，将管理权交给了他人，小的时候在父母的管理监督下，可以维持比较好的习惯和状态。但随着孩子进入大学、走入社会，父母鞭长莫及，没有了父母的管理，各种问题逐渐暴露出来，比如无法处理矛盾冲突，无法把握自己的方向。

自我管理最重要的不是技巧与能力，而是专注与韧性。因为孩子进行自我管理，需要突破自身的舒适区，从"要我做"变成"我要做"，努力克服自身的弱点和依赖性，改变不良的习惯行为、错误的心理认知。如果孩子拥有内驱力，他对于自己想要达到的目标，就会拥有坚定达成的信念，并且一心一意专注于目标，完全投入。

对有内驱力的孩子而言，目标并非任务，而是自己的兴趣爱好，他会有强烈的实现目标的想法，在内驱力的推动下，自然而然地专注地去学去实践。这个过程中，孩子会不断地锻炼自己的自觉性，学会自己的事情自己做，自己的东西自己管，自己的时间自己安排，自己的生活自己负责。

教育的最高境界，是点燃孩子内在的力量，唤醒孩子的内驱力。

激活孩子的内驱力，你做对了吗?

前面我们说到，内驱力对孩子的成长发展至关重要。如果没有强大的内驱力，即使孩子天赋异禀，也可能会白白浪费。父母该如何激活孩子的内驱力呢? 这里为什么要强调激活而不是培养呢? 因为内驱力其实是每个孩子与生俱来的，由于被环境和家长打压，才渐渐退化了。所以，只有父母先有强大的信念，孩子的内驱力才能被重新激活和唤醒。

分享一个真实的事。

小江，是一个品学兼优的孩子，从小学到高中，读的都是最好的学校。他还是文艺积极分子，多才多艺: 会多种乐器，小学时担任铜管乐队的指挥; 喜欢唱歌，每年都是学校的十佳歌手; 表达能力强，在学校担任午间广播站音乐节目主持。

高三下半学期冲刺高考时，发生了一件令他特别伤心、备受打击的事——交往一年的女朋友和他提出分手。从小优秀突出的他，一向很骄傲，并且在这段恋爱中，无论是成绩还是其他方面他都比女生更优秀。所以当女生提出分手时，他感到非常诧异，无法接受现实，想了很多办法希望挽回女生，都被女生很坚定地拒绝了。

这件事对小江的打击非常大，本来两个人约好一起努力考到上海去读大学，现在目标轰然倒塌，他觉得学习没有任何意义，高考也没有意义，沉浸在失恋的低谷和情绪当中，甚至不愿意回到学校复习备考。

如果你是他的父母，会苦口婆心地说："不就是失恋吗？有什么大不了的，上了大学重新找一个不就完了吗？高考最重要啊！"但对于一个在掌声和夸奖中长大，一直接受外部鼓励，从没经历过重大挫折的孩子而言，失恋带来的挫败感超出了他能承受的范围，他开始质疑自己，否定自己。

所以，如果一个人一直接受外驱力，由外部奖励支持，内驱力不够，一旦遭受大的挫折，或者经历环境变化、外力干扰，内心就会被挫败感笼罩，以至没有目标、情绪低落、自暴自弃。

在最关键的阶段，妈妈给了他很大的心理支持，小江最终选择勇敢面对高考。经过刻苦的复习迈进了大学的校门。

进入大学后，小江以强大的内驱力，真正为自己而学，取得了非常不错的成绩。现在正刻苦地学英语，准备考托福，申请去美国念研究生。

我想通过小江的故事告诉各位，只要有坚定的信念，无论孩子出现多么严重的问题，我们都可以重新激活孩子的内驱力，帮助孩子走出困境。

父母需要建立的四个信念

信念一：信任孩子

相信，你就能看见。

心理学上有一个著名的"罗森塔尔效应"，也叫"人际期望效应"，是指老师对学生的殷切希望，能够戏剧性地收到预期效果的现象。具体来说，在学校里，当老师对部分学生抱有高期望，并通过态度、表情、体谅和给予更多提问、辅导、赞许等行为方式，将隐含的期望传递给这些学生时，学生会给老师积极的反馈，这种反馈又能激起老师更大的教育热情，维持其原有期望，并对学生给予更多关照。学生和老师的互动进入正向循环，学生的学业成绩、社会行为都会朝着老师期望的方向发展，使期望成为现实。

而这些学生只是随机挑选的，他们并没有什么特别的地方。唯一的不同之处在于，他们被老师用期待的目光注视了许久。这种注视让孩子们感觉到被相信、被鼓励、有支持，他们的信心会因此而增强，内驱力被激发，形成正向循环。

父母是孩子的第一任老师，对孩子的影响比教师更加深远。你相信孩子是什么样，他就会变成什么样。在家庭教育中，父母的信任会直接影响到孩子的内在自我评价，决定孩子的行为方式。而长期的行为则奠定了孩子的人生发展方向。

智慧的父母，永远是相信才会看见。父母的前瞻性，积极的心态，是孩子最好的榜样。哪怕孩子没有表现得非常优秀，他们依然相信孩子是优秀的，会努力发现孩子的优点，将"你一定行"的勇气和力量传递给孩子，让孩子自信满满、昂首挺胸。孩子会在这种相信和鼓励中，还给父母一份惊喜。

普通的父母，看见了才会相信。他们看见孩子持续考100分，才相信他是个学霸；看见孩子持续保持年级第一，才相信他有学习能力。这种态度给孩子传递了一个错误认知，让孩子认为结果才是重要的，好的结果才能代表自己的价值，所以孩子会追求眼前的利益和短期的结果。

还有一些父母，即使看到了也不会相信。比如孩子考了100分，还会被问："是不是考试作弊了？"孩子接收到的信号就是：爸爸妈妈不相信我能取得好成绩，所以我不是那块料，即便做到也不能证明我的实力，我就是个学渣。

你是哪种父母呢？你想成为哪种父母呢？你想成为智慧的父母，那就相信孩子，也相信自己。你今天的相信，会变成孩子明天的自信，成为他们心中的灯塔，照耀他们勇敢追寻梦想，探索世界。

信念二：鼓励孩子

对他说"你能行"，他会相信"我能行"。

心理学还有一个概念，叫"自我实现的预言"，指人都有极强的自恋倾向，为了证明自己是对的，不管信念好坏，只要是自己说的，都会想方设法去实现。

如果父母坚定地告诉孩子"你能行"，孩子就会认为"我能行"，坚定地相信自己能做到，他能做到的事情就越来越多。他会不断地突破自己，越来越卓越，不断地实现"我能行"的心理预言。

而如果父母经常向孩子说：你不行，你很差，你很笨，你很邋遢，你很懒，你很糟糕……孩子的内心也会越来越相信自己很糟糕，呈现出的结果就是：学什么都不会、做什么都不成功、各方面都很糟糕。

如果一个孩子非常自信，在面对困难的时候，他就会有动力去挑战，去尝试，全然相信自己可以克服；如果一个孩子不自信，当困难来了，他会直接放弃。次数多了，他会陷入习得性无助⊖，那么他的人生就失去了很多的可能性。

父母的认可对孩子的影响是巨大的。作为父母，你要真的从心里去相信孩子，用你的语言、眼神、肢体动作、声音、表情对孩子发出欣赏鼓励的信号，然后你可以逐渐放手，让孩子

⊖ 习得性无助（Learned helplessness），是指一个人经历了失败和挫折后，面对问题时产生的无能为力的心理状态和行为。

建立起"我能行"的意识。你的欣赏和放手，会让孩子产生巨大的内在动力，从而敢于迎接挑战，发挥创造力。

信念三："放养"孩子

他的人生，他自己做主。

心理学中，自主就是遇事有主见，有选择的能力，能对自己的行为负责。真正的自主，是一个人在自由意识下做出的选择。但是在很多时候，孩子做出的选择并非内心真实的想法，是因为父母没有给予选择。既然不是真心想要，又怎么会有内驱力去行动呢？

而有没有自主性，几乎决定了一个孩子这一生能发展到什么程度。有自主性的孩子，内心笃定，会向着自己想要的目标自发前进，不需要推拉拽、打骂吼。

要培养出孩子的自主性，需要父母从小就给孩子选择的机会和权利。小到穿什么衣服鞋子，先刷牙还是先洗脸；大到上什么学校，选什么兴趣班，选什么专业，都需要给予孩子充分的尊重，以平等的姿态和孩子探讨。父母可以用自己的人生经验告诉孩子每个选择的优点和缺点，给予他建议，把选择权交给他，并充分尊重孩子的选择。

一个从小就有主见懂得自己做出选择的孩子，到了学龄阶段，他会自主自发地学习，发展自己的兴趣，争取想要的结果。我们会看到，生活中很多学霸，不仅学习好，而且运动也好，音乐也好，甚至游戏也打得好。这是因为他们有非常强的自主能力，知道自己要的是什么，该玩的时候玩，该学习的时候学习。

培养孩子的自主性，还要敢于放手让孩子去尝试，去犯错。犯错的过程也是学习的过程和进步的过程。孩子会在不断的尝试中，越来越了解自己，既锻炼了能力，也能逐渐获得人生掌控感。

信念四：欣赏孩子

告诉孩子"你做得很好"。

胜任感，在心理学上也叫作自我价值感，是指个体在各种活动中，通过表现出成功的行为和能力所获得的一种积极的自我价值感体验。

所谓内驱力，指的并非某个阶段或者某个时刻的内部动力，而是一个良性可持续的动力。当孩子和一件事有了联结，有了自主意识，在这个过程中是否拥有胜任感，也是至关重要的。如果孩子在自己主动要做的事情中，可以持续获得胜任感，更容易得到可持续发展。

胜任感和成就感有所区别，胜任感是事前孩子就对自己要完成的目标有信心，它是靠孩子过去获得的一系列小小的成就感累积起来的。成就感是事后的感觉，把事情做完了，而且对结果很满意，孩子才会有成就感。

关于胜任感，很多父母存在一个误区，觉得孩子只有做到了、做好了、成功了，才能拥有胜任感。但实际上不是的，如果胜任感只有成功了才可以获得，那这样的胜任感是非常狭隘的。任何时候都要以关注孩子的自主意识为前提，只要孩子做了，哪怕暂时还没达成目标，也一样可以拥有胜任感。

假如孩子通过努力考了 100 分，父母可以说："能考满分真的不容易，你是怎么做到的？"

如果孩子只考了 50 分，父母可以说："考 50 分，确实会失落，这 50 分也是你的努力换来的，你觉得自己做了哪些努力？为什么不是 0 分，也不是 20 分，却是 50 分？"

不断地对孩子说："你做得不错。"我们放大努力的过程，忽略结果的好坏，激励孩子总结复盘，调整方法，重新出发。孩子会在你一次次的欣赏和鼓励中获得胜任感，这是不断用小的胜任感点燃更大胜任感的过程，也是内驱力持续发展的过程。

父母需要跳过六个破坏的坑

第一个坑：给孩子贴负面标签

典型表述："这么笨，这么简单的题都不会吗？我已经教了你好几遍了。"

当孩子有不会做的题时，原因有很多，但一定不是因为"笨"。当父母这样说时，就是给孩子贴上了"笨"的标签。

人是天生的评价者，贴标签是我们认识复杂世界的一种简化归因方式。贴标签很简单，也很轻松，仿佛只要贴上一个标签，面前的问题就有了答案。

给孩子贴标签，很容易陷入"自我实现预言"的陷阱里。比如父母一直说孩子笨，孩子会想：对呀，你们说我笨的嘛，我就是笨啊，所以成绩不好也很正常。

父母轻松地给孩子贴上了"笨""不按时吃饭""不喜欢上学""做事不积极""拖拖拉拉"的标签，除了给自己一个心理安慰，对问题的解决，没有任何实质性的帮助。

我们都知道爱迪生的故事。爱迪生小时候被老师认为是"笨孩子"，并被学校劝退。但他的妈妈一直陪伴并且鼓励他，发现他的天赋，引导他不断学习。最终，爱迪生成为一位伟大的发明家。

生活中，父母可以尝试以一种全然接纳的态度去看待孩子的行为，发现孩子问题背后真正的心理需求。在孩子遇到不会做的题目，或无法处理的事情时，请多一些耐心，将它看作是孩子成长过程中非常常见的事情，毕竟大人都会遇到难关，更何况是孩子。既然难题是孩子成长中再正常不过的事情，那父母要做的就是和孩子一起闯关，引导孩子解决难题。

第二个坑：独断专行

典型表述："我是你爸，我说的做的，一切都是为你好。"
"我是你妈，我说不行就是不行。"

在这些话语里，父母把自己当成了领导，把孩子当成了下级，所以孩子做任何事情都需要遵从父母的意见。每当孩子的行为和想法与自己产生冲突的时候，独断的父母就会习惯性地拿出这些话语，利用父母权威让孩子遵从自己的每一个决定，无视孩子内心真正的想法和意愿。

父母说这些话时，潜意识认为，只要自己是爱孩子的，目的是为了孩子好，那么不管使用什么方式，都是好的。现在孩子还小，不明白父母的良苦用心，长大了自然会懂，最重要的是现在不能让孩子犯错，必须按照正确的路走。

父母说出"为你好"三个字的时候，是在将自己的意识强加给孩子，并没有站在孩子的角度去思考：孩子真的需要吗？孩子开心还是不开心呢？

孩子小时候，可能慑于父母权威，会害怕，会遵从。但惧怕不等于信服，遵从不等于认可。孩子按照父母的要求去做的时候，内心里可能是抗拒的，也就没有内驱力，一旦父母的约束消失，"正确的行为"也就会消失。更严重的是，孩子可能会认为自己只是父母的一个工具，作用就是完成父母的期许。

身为父母，要花更多的心思关注孩子真正喜欢什么、讨厌什么、在意什么，想要什么，给予正确的引导，激励孩子主动追求心中所想，而不是用"为你好"织就一张密不透风的网困住孩子。

第三个坑：情绪绑架

典型表述："我再也不管你了，随你便好了！"

当孩子拒绝按照父母的要求行动，并且以"坏脾气"的方式表现出来时，父母可能也会陷入情绪之中，说出口是心非的话。父母做不到不管孩子，所以这句话是无法兑现的。但这种无效的语言，对孩子是一种情绪绑架，会让孩子觉得自己被放弃，进而感受到极大的不被尊重。敏感的孩子能察觉父母话中失望的情绪，他还会将这种失望转变为对自己的失望，会害怕、担心，甚至压抑自己，最终变得越来越没有自信，失去内在的动力。

父母是孩子最早的"情绪导师"，孩子感受父母的情绪，并学习如何管理自己的情绪。如果父母不具备识别、解读和把握自己情绪的能力，也就无法帮助孩子和情绪相处。父母的坏情绪甚至可能会"遗传"给孩子，也就是我们常常说的"原生家庭"的影响。

当孩子有情绪时，父母也要察觉自己的情绪，并且要允许孩子和自己有情绪。先处理好自己的情绪，再去处理孩子的情绪。要对孩子的情绪表示理解和接纳，察觉孩子情绪背后的真实需要。告诉孩子：你虽然不认同他的行为，但对他的爱是无条件的。当孩子情绪逐渐稳定之后，再启发式地引导，让孩子知道再遇到同样的事情，该如何面对和处理。

第四个坑：暴力威胁

典型表述："怎么可以这么说话/这么做，再……，我就……"

情绪激动时，父母可能会使用"暴力"镇压孩子的行为。行为暴力也许不常见，但情感暴力和语言暴力的伤害也是巨大的。比如冷暴力，当孩子犯了错，父母并不会责骂孩子，而是长时间不理睬孩子，孩子会感受到极大的压力，产生被抛弃的感觉；比如语言或肢体暴力，对孩子使用粗暴的语言，贬低威胁，甚至动手。这会让孩子感受到不平等的对待，小时候没有能力反抗，伤心难过的情绪堆积得越来越多，到了青春期，要么自暴自弃，要么激烈反抗。

有的孩子，为了不让父母失望，会选择妥协，不再表达自己的想法，按照父母的要求行动。但这种伤害会深深地烙印在孩子的心中，甚至影响他的一生。

孩子犯错是再正常不过的事情，我们自己也常常大错小错不断。孩子还在成长，还在学习如何做出正确的决定，如何管理自己的行为，他们在以自己的方式努力练习。但父母对孩子的问题过度重视，当孩子犯错时表现得如临大敌。孩子一旦犯错，就是调皮捣蛋、无法无天。殊不知，孩子行为不当或犯错，是因为遇到了问题。父母要与孩子站在一起解决问题，而不是站在孩子对面，和问题一起打败孩子。

父母应该以尊重孩子为基础，与孩子平等沟通，给孩子表达的时间和空间，仔细倾听孩子的心声，最后再与孩子一起讨论出解决问题的办法。父母是孩子的榜样，孩子会在与父母的平等沟通的过程中，感受到爱与支持。

第五个坑：否定孩子

典型表述："这孩子胆子太小了，这有什么好怕的。"

恐惧，其实是儿童期的正常现象。当孩子表现出恐惧时，父母可能没有意识到孩子恐惧背后的原因，只是下意识地制止孩子说怕，不允许孩子害怕。

父母否定孩子的害怕等于否定孩子的自我，会让孩子产生无力感和挫败感。当孩子感到害怕的时候，你可以像孩子一样表现出胆怯，让孩子知道害怕是正常的，慢慢消除孩子心中的无力感。

而父母对孩子的否定，并不仅仅限于孩子的害怕，还包括孩子其他的负面情绪、不足之处。

作为孩子最亲近的人，父母的肯定与否，对孩子认识自己具有决定性的影响。如果父母忽视孩子的优点和努力，仅仅盯着孩子的不足和缺点，常常通过言语和行为否定孩子，很少给孩子认可和支持，孩子内在的力量会不断被削弱，孩子对自我的认识就会是"我这也不行，那也不行，我是一个很差的孩子"。

如果父母给予孩子鼓励、认可、支持，孩子会感受到自己自发的言语和行动是被认可的，是好的，对于自我的认识就会是"我是一个不错的小孩，虽然偶尔犯点小错误，但没关系"。被肯定的孩子会更有动力去表达和展现自我，会跟随内心的想法去行动，面对害怕和挑战会更有安全感。

第六个坑：打压孩子

典型表述："就你这样的，将来只能去扫大街……"

"打压教育"是大多数父母的金科玉律，即使是在"鼓励式"教育盛行的今天，依然有很多父母认为孩子"夸不得，会骄傲"。

在有的家庭，无论孩子学习好还是不好，都少不了"口头打击"。孩子期末考了满分，父母可能会说"不能骄傲自满，看你下次还能不能再考满分"。孩子考试不及格，父母可能会说"学学隔壁同学吧，每次一百分，你看看你都学了些什么"。孩子学习成绩一般，喜欢足球，父母可能会说"踢球踢得好有什么用？高考还是看文化课成绩"。

如果父母一直打压孩子，很容易将孩子导向两个极端，被驯服或者叛逆。

　　程程曾经是很多父母羡慕的"别人家的孩子"，从小听话懂事，自律上进，成绩优异，小学 6 年，每次考试名列前茅；无论是学习、社交还是兴趣爱好，各个方面都很出色。父母从老师那里得到的反馈也都是表扬，没有批评。

　　但在程程妈妈眼里，程程永远"差一点"。妈妈每天会给程程安排紧张周密的学习计划，还有各式各样的教育批评。妈妈的眼里好像只能看到孩子的不足之处，口中只会说出指责孩子的话，从来不会表扬孩子的优点。妈妈一直以"为了你好"的名义，忽视了孩子内心的需求。

　　程程妈妈的行为是非常典型的"打压式教育"。因为怕孩子骄傲，不敢夸孩子，当孩子有诉求时，又固执己见地反驳、压制。后来，孩子越来越没有内驱力，逐渐沉迷游戏，日夜颠倒，抗拒学习。焦虑之下，父母继续采取强力打压的方式，希望孩子回到正常状态。

　　在一次次的拉锯战中，亲子关系越来越糟糕，最终程程患上抑郁症，休学在家。他父母找到我的时候，程程已经休学 7 个月。接受咨询辅导后，程程父母慢慢学会共情的沟通方法，主动改善亲子关系，帮助孩子重新思考人生，激发内驱力，重返校园。

　　关于唤醒孩子内驱力的具体方法和步骤，在后面的章节中，我会进行详细的介绍。

　　在这里，我想和父母们说，我们希望用"打压式教育"培

第一章
为什么要激活孩子的内驱力？

养一个"谦逊低调"的孩子，但往往会得到一个"自卑无力"的孩子。"打压式教育"背后是一种反向的爱：因为爱你怕你骄傲，所以打击你。但心智尚未成熟的孩子，无法理解这种"苦心"，他们感受到的是无论自己如何努力，获得再多的成就，父母都不会满意，自己永远不够好。这种"不够好"，可能会陪伴孩子一生。

第二章 —————————————————

激活孩子内驱力，从改善亲子关系开始

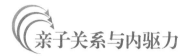

亲子关系与内驱力

什么是好的亲子关系?

心理学中,亲子关系是父母与其亲生子女、养子女或继子女间的关系,是一种双向作用的人际关系,是儿童最早建立起来的人际关系,也是他们生命中最重要的人际关系。在孩子的幼儿期,亲子关系几乎是他们全部情感的依赖所在。

孩子需要在父母的抚养和陪伴下成长,相处时间最长的,最熟悉、最亲密的人就应该是父母,而不是保姆或其他人。年幼的孩子,生理、心理发育都不够成熟,必须依赖养育者,受养育者的影响是最深的。人是在家庭生活中学会掌握社会的基本行为方式和生活习惯的,孩子的气质、性格、品质、理想和情操的形成,都与他从小受到父母的教育和家庭环境的熏陶有关。

所以,亲子关系几乎决定了孩子能从家庭中获得多少力量。父母的品行修养、处世态度,抚养、管教及培育子女的方式,都会直接影响孩子的身心发展,以及孩子今后的人际关系。这种影响将持续到孩子成年之后,甚至持续一生。

在亲密和谐的亲子关系中，爱和关心会在父母和孩子之间双向流动。父母爱孩子，尊重孩子，孩子也懂得爱父母，尊重父母。父母和孩子相亲相依，孩子拥有充分的爱和安全感；同时，父母和孩子相互独立，彼此成就。孩子在父母的鼓励支持中，不断成长，实现自我价值。长大后，孩子会主动将这种爱和关心，扩展到周边的人和事，懂得如何付出，如何爱人。

在充满爱和关心的亲子关系中，父母和孩子平等有效地沟通，并相互理解，支持和接纳对方。这会给予孩子力量，让孩子自信、积极，自主自觉地努力向上。孩子将学会如何坚持自我成长，对自己的行为和人生负责，这就是拥有内驱力的表现。

在糟糕的亲子关系中，父母和孩子很多时候明明也在相互关心，也在表达爱，但两者中间却好像有一堵厚厚的墙。孩子无法真正感受到父母的爱，父母有时听不到孩子的心声，或无法理解并回应。

这样的亲子关系有两种情况：一种是疏离的亲子关系，父母疏于照顾或打压孩子，孩子感受不到父母的爱，成长过程中缺乏安全感，对外界缺乏信任。在往后的人生发展中，孩子会如无根浮萍，容易自卑和惶惑不安，难以获得真正的幸福，活出自我的精彩；另一种则是过于亲密、粘连过深的亲子关系，父母缺乏边界感，想要掌握孩子的方方面面，事事包办，过度保护孩子，将自己的喜好和愿望强加给孩子，忽视孩子真正的感受和需求，希望孩子变成自己期待的样子。这种爱和关心打破了亲子的边界，会让孩子感到压迫和痛苦，影响孩子独立人格的发展。

我曾遇到过一个家庭，由于父母不懂得如何经营关系，家中冲突不断。两个孩子在这种环境中长大，长期处于担忧、焦虑、无助的情绪中，无法建立安全感，无法信任外面的世界，不善于处理人际关系，对学习缺乏内在动力。哥哥在大学时患上严重的抑郁症，曾尝试自杀，妹妹在初中时就出现了抑郁症状，有自残行为，无法上学。

这是一个令人难过且遗憾的案例。一个孩子资质再好，要成长为一个优秀的人，也需要家庭提供良好的教育土壤，这个土壤就是有爱有信任、稳定和谐的亲子关系。

四类亲子关系，你和孩子属于哪一类？

综合过去所接待的亲子咨询案例，我发现亲子关系大致可以分为四类：冲突型、依赖型、疏离型和安全型。接下来，我将结合咨询案例，一一讲述四类亲子关系的特点，帮助你审视自己和孩子当下的关系。

1. 冲突型亲子关系

冲突型亲子关系，家庭氛围紧张，父母和孩子之间通常表现为矛盾、对立，冲突时有发生，轻则表现为闹情绪、抵触、互不理睬，重则表现为相互攻击、冷战、敌视，甚至发生激烈的肢体冲突。在我所接到的咨询案例中，有青春期的孩子与父母发生肢体冲突的，也有孩子将父母锁在门外，不让他们回家的。

在这一类亲子关系的咨询中，有一些共性，即父母通常是高标准严要求，不太尊重孩子的意见，不关注孩子的情感表达，只要求孩子按照自己所指定的方向发展，随意给孩子贴标签，批评指责孩子，指挥命令孩子。

孩子的成长是在探索中不断解密、创造自我的过程。高标准严要求的父母，在孩子主动进行试探性摸索的时候，往往会直接否定孩子。当孩子提出反对意见时，他们常常会觉得自己的权威受到挑战，就习惯性地拿出更强的父母权威来压制孩子。当孩子感受到这种强烈的压迫时，会下意识产生反抗情绪，冲突就此产生。其实，孩子反抗的从来不是父母，而是父母的权威压制和态度。

冲突型亲子关系中，如果冲突始终无法化解，就会愈演愈烈，父母与孩子会越走越远。最终可能导致两种极端后果：一种是孩子将冲突外化，向外攻击他人。孩子并非成人，管理情绪的能力尚在发展中。当不满情绪无法疏解，积压到一定程度时，会转化为对他人的不满或是仇视，甚至可能发展为暴力倾向。另一种极端则是孩子将冲突内压，压向内心世界。孩子可能变得自卑、自闭，缺乏自信，甚至产生内疚和罪恶感，最严重的情况可能导致抑郁。

2019年11月，我接待了一位妈妈带着儿子前来咨询。这位妈妈自主创业20多年，工作能力突出，有自己的集团公司，事业很成功。她的儿子当时14岁，刚进入青春期。

母子俩的关系是典型的冲突型关系。他们来找到我的时候，亲子关系非常糟糕，儿子不愿意和妈妈说话，拉黑妈妈的QQ、微信、电话，拒绝跟妈妈任何形式的沟通。在学校频繁请假，不去上学。妈妈无法接受自己的孩子不上学，仿佛看见孩子的前途一片暗淡。直到孩子自己要求妈妈帮他找心理老师，才经朋友介绍找到我。

咨询中，妈妈逐渐认识到，孩子之所以出现以上问题，是因为她只关注孩子的学习结果，从未在意过孩子的内心感受。亲子冲突是在"报警"，提醒自己和孩子的关系太疏远了。而她过去使用的解决方式没有触及问题核心，越解决越严重。要真正解决问题，首先要改善亲子关系，要从改变自己开始。

妈妈的理念改变，行动也会随之改变，进而影响到孩子的心理和行动的改变，亲子关系越来越和谐。在最近一次的交谈中，我问孩子："你会给现在的妈妈打多少分？"他说："满分。"我很震惊："你们第一次来的时候，你给妈妈打负分，现在居然是满分，这个过程中你感受到了妈妈哪些变化？"

他回答："我能感受到我妈在很努力地改变自己，从以前的自以为是，以自我为中心，到现在会站在我的角度给到我尊重、信任。谁都不是完美的，我能感受到我妈是因为爱我，所以才努力地改变自己，所以，我给她满分。"

这个曾经不想考试、不想上学的孩子，因为亲子关系的改善，对自己的学习越来越主动地担起责任，努力学习，不断进步，还常常拿到年级第一。更让人欣喜的是，孩子热爱运动，主动参与学校活动，喜欢交朋友，会将同学带到家里玩，介绍给爸爸妈妈认识。孩子还会主动和妈妈聊起自己的困惑和想法，寻求妈妈的意见和支持。

亲子关系从针锋相对到亲密无间，改变的原因就是妈妈先从改变自己开始，继而极大改善了亲子关系。

2. 依赖型亲子关系

依赖型亲子关系，主要表现为孩子过分依赖父母，生理上不具备自理能力，独立性差；心理上抗挫力比较差，受到打击就一蹶不振，自暴自弃；社交方面，比较自私任性，不懂换位思考，也很容易遭遇挫折。

孩子在幼年时期，完全依赖父母。当他逐渐长大，会慢慢成长为一个独立的个体。孩子的成长有一个过程，在这个过程中，会遇到困难，需要父母的陪伴和支持。

但有时候，父母会过于周全，比如干预太多，孩子有任何困难，马上帮他解决；纵容孩子，孩子想要什么，马上满足；照顾周到，所有都替孩子想到，孩子不用想更不用做。父母仿佛给孩子打造了一个安全屋，这里无风无浪，安全轻松。殊不知，这是由于父母自身缺乏安全感，将对安全的需求投射到孩子身上。这样过度的保护，会让孩子缺乏自理能力，内心脆弱，甚至一击即溃。

2022 年年初，我接到一位浙江妈妈的紧急求助，她的孩子在第一次高考前出现了非常严重的躯体反应，全身发抖，心悸胸闷，差点无法参加考试。[⊖]

对孩子进行辅导的过程中，我发现她是一个非常自律自主、追求完美的人，做任何事情都希望得到老师和父母的认可。但高中三年，她一直陷在挫败感中，起因是三年前踩线考入所在的重点高中，后来名次一直无法提升，尤其是数学成绩经常是年级倒数。持续的挫败感让她开始自我攻击："我已经很努力了，为什么还是考不过别人！"

深入了解后得知，孩子出生时妈妈已经 38 岁，属于高龄产妇，因为难产，医生告诉她，以后无法再生孩子。因此，妈妈十分宠溺这个来之不易的孩子，事无巨细，全部包揽。孩子什么都不用干，只需要学习。

成长过程中，孩子的生活中只有学习一件事，一切围绕学习，一切以学习成绩评价，学习是他所有成就感的来源。所以当她在学习中遇到挫折时，就觉得自己一无是处。

这个孩子，是个学美术的艺考生，高三上学期参加了半年

⊖ 浙江地区高考，部分科目有两次考试机会，时间分别安排在1月和6月。

的专业集训。离开妈妈这段时间，她发现自己不知道该如何生活。而身边的同龄人在兼顾学习和训练的同时，还能把自己的生活照顾得很好。她在心里不断拿自己和他人对比，觉得自己特别没用，挫败感不断加深，对接下来的高考失去了信心和勇气。

这个案例中的亲子关系就是典型的依赖型亲子关系。当父母对孩子过度保护包办替代时，表面上是爱孩子为孩子好，实际上是剥夺了孩子的成长空间，导致孩子缺乏独立性和自主性，无法学会面对问题，缺乏解决问题的能力。相比于同龄的孩子，他们在学业和人际交往中，更容易因受挫而一蹶不振。

2021 年 9 月，女孩 W 的父母经班主任介绍找到我，进行咨询。初见女孩的父母，他们就表示现在的情况已经严重到令他们感觉精神崩溃。沟通后，我发现，正在读初三的 W，不但有严重的厌学情绪，还结交了网恋对象，男孩是一个休学的"无业游民"。女孩的爷爷奶奶是老一辈知识分子，爸爸和姑姑都毕业于名校，一家子"学霸"对孩子的期望非常高，对于孩子厌学早恋的行为，都难以接受。更重要的是，女孩即将面临中考，这是她人生中的第一次大考。本就紧张的父母因为女儿的表现变得极度焦虑。

这个女孩从小活泼外向，漂亮嘴甜，惹人喜爱，受到了很多的关注和赞美。父母比较溺爱女儿，几乎事事包办，对女儿的要求无条件满足。女孩在这样的环境中形成依赖型人格，以自我为中心，精神不独立，无法承受挫折和失败。

进入初中后，学习难度上升，女孩在学业上不像小学时如鱼得水。学业上的挫败，让一直在赞美声中长大的女孩无力面对。她觉得自己无法满足父母的期待和要求，也不能从父母那里获得理解和支持，于是转而向外寻找精神寄托。恰好出现的网友满足了她的精神需求，让她找到人生的意义和价值。在其他人眼中，这个男生休学、无业，是一个"糟糕"的孩子；但在女孩心中，男生理解自己，能无条件接受和包容自己，让她觉得自己很重要很完美，于是她转而依赖这个男生。

随着咨询的深入，父母逐渐意识到自己的教育方法确实存在问题：一方面完全包办的教育方式，让孩子在面对挫折时，容易逃避，不能正确面对和解决问题；另一方面，当孩子遭遇挫折继而想寻求精神依靠时，他们没有关注真实原因，而是用简单粗暴的方式干涉孩子的行为，结果失去了孩子的信任。

意识到问题后，父母开始学习和改变。他们学习信任孩子，认可孩子在生活和学习中的每一次努力及每一个亮点；他们学习放手，让孩子自己承担成长的责任，比如在家里承担家务。他们和孩子深入沟通，理清学业上的界限和责任，谈恋爱方面的底线，并表明父母不支持早恋的立场，同时尊重孩子的情感需求。

三个月之后，女孩愿意重新面对学习，备战中考。而且她和男友共同约定了学习目标。为了更快进步，她在学校主动组织了学习兴趣小组，和志同道合的同学在课后共同学习，查漏补缺，成绩突飞猛进。

3. 疏离型亲子关系

疏离型亲子关系，主要表现是亲子之间很少沟通交流，相互之间不信任、不关心，孩子既不依赖父母，也不与父母发生冲突，内心孤独冷漠。

疏离的孩子背后是疏离的父母。疏离型亲子关系的养成，源自父母对孩子的不亲密。有的父母在亲子关系中，以自我需要为中心，避免与孩子有深入的亲密关系，孩子对父母的感情需求得不到回应，造成关系疏离。有的父母在生活中遭遇不顺，或迫于生计与孩子分离，或沉溺于负面情绪无法自拔，无暇顾及孩子，在孩子的生活和情感中缺位。

父母的无视或拒绝，是最令孩子伤心的事情。疏离型亲子关系会让孩子封闭自己的内心世界，无法获得爱与力量，抑制孩子对人际交往、亲密关系、职业发展的期待。并在孩子成年后，仍然产生持续的影响。

在我的家长课堂上，有位妈妈分享：她亲戚的一个儿子，寄养在她家中。男孩的爸爸常年在外地打工，妈妈觉得孩子的出生影响了自己的人生，带来了很多麻烦，对孩子十分疏离。孩子被寄养在她家时，从来不会说自己想念父母，不会主动要求和父母通电话，更不会像其他孩子一样和父母撒娇，他表现得非常独立，在寄养的家中没有窘迫不安，事事自己解决；在外面，也极少与人互动，在学校里经常被孤立欺负。这个孩子仿佛置身孤岛，只活在自己的世界里。

当孩子和父母对着干时，父母会觉得特别头疼甚至焦虑痛苦，孩子与父母发生冲突是有来有往的交流，也是情感的联结和互动。而在疏离型亲子关系里，孩子和父母表面上没有冲突、风平浪静，但孩子内心已经把自己封闭在孤岛上，不与外界产生联结。

16 岁的小缇也是这样一个孩子。小缇从小成绩优异，进入初中也能考到年级前 20 名。小缇的父母一直都觉得自家孩子聪明好学，让人省心。可到初二时，小缇突然不肯回学校了。孩子从小表现乖顺，没有和父母产生过强烈的冲突，所以这个决定让父母十分意外。但小缇十分有主见，下定决心后非常坚决。父母想了各种办法劝她回到学校，都没有成功，甚至连她为什么不去学校都没有搞清楚。

随着咨询的深入，我了解到小缇的家庭，是典型的疏离型亲子关系。父母的伴侣关系经营得非常糟糕，貌合神离，只是维系着家庭的形态。一家人虽然在一个屋檐下，却各过各的，各有各的生活节奏，坐在一起吃一顿饭都很难做到。在这种家庭环境中成长起来的小缇，从小就没有父母的陪伴，感受不到父母的爱和关心，家人之间只有冷漠和疏离。

小缇在这样的家庭氛围中安静地长大，有时候父母要离开家一段时间，小缇不会觉得不舍，也没有不适应，父母回来了，她也没有热情的反应。看不见的疏离，父母并没有感觉到，也不觉得孩子有任何问题，一如既往，各顾各的。直到小缇不再回学校，父母才发现自己完全不了解孩子，也无法改变孩子的想法。

小缇在咨询中说到了自己的心理变化，她说，六七岁时，她曾经非常渴望父母的陪伴和关注，但从来没有得到回应。慢慢地，她觉得自己不再需要父母，父母存在的意义只是给她提供生存必需的物质基础，在她成年之前，父母的责任和义务是为她想做的事情付钱。至于家中的压力、父母的经济负担，与她无关。

如果只是听这段话，你也许会觉得孩子太过冷漠，不懂感恩。但小缇并非天生如此，在 6 岁之前她渴望得到父母的情感回应，父母无视了小缇的需求，没有及时给予孩子回应。在一次次失望后，小缇选择把自己封闭起来。看起来是冷漠，实则是孩子为了避免情感受伤所启动的自我保护。小缇的内心渴望得到父母的关注和爱，但她更怕不断受到伤害，所以不敢把自己真实的情感需求表达出来。

进入初中后，小缇在和同学的交往中遇到了挫折，同学的议论让她觉得自己被孤立被针对。于是她选择离开学校，逃离这样的环境，保护自己。对小缇这样的情况，如果不及时干预并改善，今后也很容易在人际关系、亲密关系中遇到重大挫折，因为她无法深入一段关系，无法与人产生亲密的联结。

4. 安全型亲子关系

安全型亲子关系是指父母关系稳定、情绪稳定、环境稳定，给孩子提供了一个关爱、支持的家庭环境，父母能够读懂、倾听、了解孩子的需求，在行动上回应并支持孩子。孩子在家庭中感到温馨，感受到父母的爱和支持，建立信任感和安全感。

在安全型亲子关系中，父母全然接纳孩子，全力支持孩子，重视孩子的自信心培养，当孩子面对挑战时鼓励孩子不断尝试，包括从失败中吸取经验教训，最终达成目标。成长于安全型亲子关系中的孩子，普遍自信、成熟、理性、乐观向上、好奇心强、独立性强、善于与人交往，并且有很强的内驱力和自主性。

父母可以通过正确的方法，和孩子一起建立安全型亲子关系。我的一位学员青青，她通过努力将亲子关系改善为安全型，彻底改变了孩子，也改变了家庭的氛围。

青青的孩子曾经情绪抑郁，无心学习，甚至认为自己的生命没有价值和意义。青青看到孩子消极的样子，听到孩子说出的话，感到无力甚至绝望，她不知道能做些什么来帮助孩子。

一次偶然的机会，她参与了我的一个互动课程。互动中模拟孩子听到父母指责、批评时的情境，学员体验听到这些话时自己的心理感受。当青青将自己代入孩子的心理，听到耳边连绵不绝的否定时，她被深深触动。她说作为成年人被不断否定都很难受，难以想象自己的孩子经历了怎样的痛苦和绝望。

于是，她沉下心来，修炼自己，不再只关注孩子的考试成绩、日常行为表现，而是把如何构建良好的亲子关系，营造良好家庭氛围放在第一位。她把功夫下在日常的一点一滴，做了许多努力。

首先，积极与孩子互动。不管孩子有没有回应，她都尝试与孩子互动，表达自己的关心和赞赏，看到或听到孩子的需求，及时回应并满足。她为自己曾经错误的沟通方式给孩子带来的伤害，真诚地向孩子道歉。积极的妈妈重新开启了与孩子的情感连接，拉近了亲子之间的心理距离。

其次，不断给予孩子正向的情绪反馈。青青学会倾听孩子诉求、理解孩子的感受，用正向的语言来表达和回应。孩子感到自己被听见、被理解、被认同，重新建立起对母亲的信任，在妈妈面前逐渐敞开心扉，表达自己的想法。

最重要的是，尊重孩子的独立需求。青青在学习中认识到，即使是自己的孩子，也是一个独立的生命个体。所以她开始注意保持和孩子相处的边界感：进孩子房间前敲门；当孩子情绪低落时，表达了自己的支持理解后，给孩子留出独处的空间。孩子感受到妈妈的尊重和支持，尝试着自己处理遇到的问题，实在解决不了，也会向妈妈倾诉，寻求建议。

经过一年多的努力，青青和孩子建立了安全型亲子关系。现在，她的孩子不但学习自主自律，也很乐于助人。更从妈妈身上学到了如何关注理解他人，帮助他人，比如他会用积极正向的语言，鼓励处在低谷中的同学。

今年 6 月底，孩子参加中考。在深圳因为公办高中的录取率不到 40%，所以中考家庭的压力非常大。但青青一家并没有如临大敌的紧张感，反而非常放松，孩子努力学习，父母认真工作，一家人彼此支持，相亲相爱，活成了"别人家"的样子。最终，这个孩子以优异的成绩考进了重点高中，重点大学已经在向她招手。

对照四种亲子关系类型的深入分析后，你认清自己和孩子之间的亲子关系类型了吗？

如果你们是安全型亲子关系，那么恭喜你，说明你做得很好。如果不是，也没有关系，遇到问题也是我们重新出发的机会，你可以通过学习改变自己，进而改善和孩子之间的亲子关系。

亲子关系如何影响孩子的内驱力？

教育是人和人的互动，是教育者和受教育者共同成长的过程。没有关系，就没有教育；有好关系，才有好教育。

内驱力是在"自我实现需要"的基础上产生的一种内部唤醒状态或紧张状态。需要内驱力推动的事件，大都属于高级需求，只有满足了物质需要、安全需要、爱与归属感需要、尊重需要之后，自我实现需要才会产生，进而激发内驱力，推动行动。

而物质需要、安全需要、爱与归属感需要、尊重需要的满足，对于孩子来说，大都来自父母。在良好的亲子关系中，父母营造和谐的环境，保证孩子的身心健康，有自信、有自尊、有良好的人际关系，没有打压、没有焦虑。孩子在这样的环境中，会朝着父母和社会的期待，成为爱学习、积极生活的人。

没有好的亲子关系为基础，父母所有认为对的、好的教育都无法真正传递到孩子的内心，更遑论对孩子的行为习惯、心理发展产生影响。孩子原本拥有的内驱力，也会被消耗殆尽。

不良的亲子关系，还会给孩子的心理发展带来许多负面影响。

1. 性格：影响孩子的人格独立

在幼儿时期，糟糕的亲子关系会影响孩子行为的养成，随着孩子长大，会阻碍孩子人格的独立发展。

2岁前后是幼儿第一反抗期，此时孩子的自我意识开始萌芽，好奇心强，会要求独立自主，不想所有事情都受成年人控制，需要获得他人的认可。如果父母因为溺爱选择事事包办代替，或者用高标准要求孩子，又或者对他们的自主表达漠不关心，孩子的自我价值感就会逐渐降低，产生焦虑，渐渐出现退缩行为。

退缩行为是一种心理防御机制，指的是当人们面对无法接受的思想或冲动时，将发展退回到较早阶段的行为模式。比如一个充满恐惧、愤怒的青少年可能变得固执，并反复出现他早已克服的童年行为，例如尿床。

2. 社交：造成一定的社交障碍

孩子与父母相处的时间是最长的，他们从父母身上学习与人相处的方式。亲子关系，影响着孩子今后的社交关系和亲密关系。

如果父母对待孩子的方式是强势地批评、责备，那么孩子在与人交往时，要么胆小退缩，要么具有攻击性。

如果父母忽视亲子关系的经营，随意随性"教育"孩子，会使孩子在心理上始终感觉爱的缺失，变得敏感脆弱，对外界没有足够的安全感，存在一定程度上的社交障碍。孩子的社交问题，究其根源或多或少都有不良亲子关系的影子。

3. 对亲密关系的经营：负面影响会形成代际传递

在原生家庭里没有得到爱和滋养的孩子，长大成人后组建自己的家庭时，缺乏主动经营家庭的能力，和伴侣相处的过程中容易出现情感冷漠、缺乏沟通或过度控制等情况。并且很可能会将父母与自己的亲子关系复刻到自己与下一代的身上，他的人生可能会在下一代身上复现。

所以，没有关系就没有教育。当亲子关系恶劣时，无论对孩子进行多深刻的教育，孩子都无法感知。良好的亲子关系是"1"，是开端，如果没有良好的亲子关系，其他一切教育方法、教育理念都只是一串"0"。

激活孩子内驱力，父母的自我修炼

通过前面的内容，我们知道，培养孩子内驱力，需要良好的亲子关系作为基础。而建立良好的亲子关系，父母的自我修炼是关键。父母的认知转变、行为改变，才能影响孩子发生改变。

从20多年的咨询经验中，我总结了父母的五个修炼要点。

成为精神独立的人

所谓精神独立的人，指的是一个人拥有独立人格，有独立性、自主性和创造性。人终其一生，是要成为他自己，成为一个自由、独立的个体。具备独立人格的人，习惯独立思考，对自我的情绪控制能力强，拥有内驱力，能够理性思考解决问题。

如果你希望孩子成为精神独立的人，那么身为父母，首先要精神独立。但现实生活中，很多父母都无法做到精神独立，他们会向外寻求自己的精神寄托，他们最亲近的孩子最容易成为他们的精神寄托对象。

我们常常会看到这样一些场景：有的父母生活都围绕着孩子，无条件给予，全心全意付出，放弃工作，一切都只为孩子；有的父母将自己未完成的心愿或梦想强加给孩子，用尽方法让孩子好好学习，拼尽全力把孩子送进重点学校；有的父母因为种种原因，觉得愧对孩子，于是竭力补偿孩子；有的父母在孩子成年后，每天也会问孩子吃了什么，做了什么，开不开心，有什么困难，主动帮助孩子解决各种问题……

表面上看，这些父母只是太爱孩子，实际上，他们把孩子当成精神寄托，把照顾孩子、爱孩子当成实现自我价值的途径。成为父母精神寄托的孩子，是无法活出自我的。

孩子是一个独立的生命，独立是他成长过程中的内在需求，也是他的内驱力之一。当孩子成长到一定阶段时，他会产生内在的冲突：是按照父母的期待而活，还是要活出自己？这个冲突出现的时候，父母可以把它当作和孩子一起获得成长的机会，共同学习如何独立。如果父母能够独立，孩子也能从内在的冲突中走出来，活出自己的价值。如果父母依然如故，会出现两种结果，一种是孩子压抑自己迎合父母，孩子会活得很沉重很痛苦；另一种是孩子选择与父母对抗，凡是父母认可的，他都反对，这不但会严重破坏亲子关系，还会阻碍孩子的健康发展，导致他在人生关键时期的重大选择上，因为对抗父母做出错误决定。

父母要保持自己的独立人格，要做到三个觉察：

第一，觉察自己是否把孩子的优秀，当作自我价值的实现。

第二，觉察自己是否把成为好父母作为唯一的人生价值。思考一下，自己还有没有其他想要实现的人生价值，有没有孩子之外的自我精神追求。

第三，觉察自己是否把孩子当作亲子问题、教育问题的唯一原因。也就是当亲子关系、孩子的教育出现问题时，你是理所当然地认为是因为孩子才会有这些问题，才要面对这些压力，还是会思考自己和孩子的沟通互动、对孩子的教育方式是否有问题，是否需要调整。

父母精神独立，培养出的孩子也会拥有独立的人格，不仅能克服成长中的困难，也能在未来面对更复杂的生活、工作、社交时做到游刃有余。每个人的行动驱动力来自内在精神需求和自我价值实现需求，是为了满足这些需求而自觉、自律地学习、工作，承担责任，对自己的选择负责，对自己的人生负责。

具备成长型思维

成长型思维模式是斯坦福大学心理学教授卡罗尔·德韦克博士在 2006 年出版的专著《思维方式：新的成功心理学》中提出的一个信念体系，指的是一个人相信自己的能力主要是努力的结果，相信自己可以通过"成长"达到一种更好的状态。具备成长型思维的人认为，有难度的工作可以提升自身的智力和能力。他们倾向于选择能够帮助他们学习和培养新技能的目标，即使最开始可能会失败，但他们在面对具有挑战性任务时仍然能够坚持，并秉持乐观的态度。

一个具备成长型思维的父母，会把每一次孩子出现的状况，当作孩子和自己共同提升的机会，他会用积极乐观的态度去面对问题、解决问题。每当父母和孩子携手突破一个亲子教育难题，从问题中获得成长时，内在的亲子联结将更加紧密，实现双向成就。

与成长型思维相对立的是固定型思维。卡罗尔·德韦克博士在《终生成长》一书中提出：固定型思维，认为人的才能是一生不变的；成长型思维，认为人的能力可以努力培养。固定型思维的父母在遇到孩子成长中的问题时，往往容易陷入情绪泥潭，无法自拔。因为他内心希望一切一成不变。但一个孩子，从出生到成年直至独立，时间长达 20 多年，这个过程注定是充满变化的。没有任何人任何方法，可以保证一个孩子在成长过程中无风无浪，不出现任何意外，不接受任何挑战。

如果你觉得眼前孩子的问题很难解决，自己正因为孩子的教育焦头烂额，甚至看不到希望，不妨转换一下思维，把问题当作一次生命蜕变和觉知的机会。孩子在成长，你也在进步。直面问题，穿越它，你就是打败"成长怪兽"的勇士，孩子也会被你感染和影响，勇敢地面对问题、解决问题。成长型思维和挑战的勇气，会伴随孩子的一生，让他拥有巨大的内驱力，在人生旅途中遇到困难时，能够迎难而上，不断突破。

构建和谐的家庭氛围

"家庭氛围"看不见摸不着，但每个家庭成员都能感受到它。如果把孩子比作一棵小树苗，那么家庭氛围就是孩子赖以生存的土壤。和谐有爱的家庭氛围是孩子成长的沃土，他能深深地扎根并健康地成长，拥有稳定的情绪、乐观积极的态度，绽放自己的生命。如果一个家庭经常处于冲突矛盾中，家人之间相互指责埋怨、推脱责任，孩子就像生长在贫瘠的沙土中，无法从家庭中获得成长所需的"养分"，根系脆弱而敏感。在成年之后，孩子可能会为了追求内心的平静，逃避冲突的痛苦，做出错误的选择。当不好的结果产生时，他又会选择责任外推。

所以，孩子的健康成长，离不开和谐的家庭氛围，而家庭氛围的主要制造者，是孩子的父母。那么，构建和谐的家庭氛围，父母该如何做呢？我总结了三个要点。

第一，每个人为自己的情绪负责。

为自己的情绪负责，是每个人的必修课。当一个人能为自己的情绪负责的时候，才能和家人、和孩子更好地沟通，表达当下的感受。产生矛盾时能彼此体谅宽容，相互照顾，好好讨论解决办法，情绪爆发时不会随意发泄给家人或者是比自己弱小的孩子。

父母是孩子的第一任老师，父母能为自己的情绪负责，是给孩子良好的示范——我的情绪我做主。孩子在这种家庭氛围下，能够学会如何轻松灵活面对情绪，为自己的情绪负责，自信积极地成长。

第二，遇到任何事情有沟通意识。

相比于和外界沟通，我们有时候会觉得家庭沟通更难。与外人发生冲突时，我们可以选择逃避，但和家人发生冲突一般无法逃离。我们都希望和家人有顺畅愉快的沟通，但往往缺乏对沟通的重视和正确认识，理想化地认为，家人是最懂自己的，不必多说什么，对方一定能懂自己的想法。矛盾很多时候就在猜测中产生。

良好的家庭沟通，是每个家人都有沟通意识，遇到任何事情，能直接、清楚、真诚地表达自己的所见所闻，所思所感。父母有沟通意识，积极与家人、孩子沟通，建立和谐的沟通环境，不但能让孩子建立良好的沟通能力，还能为孩子今后的社交带来信心。

第三，重视家人之间的情感联结。

坚固的情感联结是家庭幸福的核心要素。大多数家庭只通过即兴发挥，来建立家人之间的情感联结，但随机的、自发的动作可能无法建立家庭成员之间持久的情感纽带。有时候父母的焦虑和愤怒，还会切断和亲人、孩子之间的情感联结。

家人之间亲密的情感联结，是关照并回应彼此的内心需求，关注彼此的切身感受。孩子在家中感受到的情感联结越强，他就越积极自信、实现自我价值的可能性越大。父母可以通过一些有仪式感的家庭活动，亲密无间的肢体动作，来增进家人之间的情感联结，积极塑造家庭文化。

保持和孩子的界限感

心理学所说的界限感是指在人际关系中，一个人清楚地知道自己和别人的责任与权利范围的界限，能够保护自己的空间不受侵犯，又能不侵犯他人的空间。

"我是被你囚禁的鸟，已经忘了天有多高。"这句来自歌曲《囚鸟》的歌词，想必大家都很熟悉。这首歌唱出了没有边界的关系，带给人的痛苦。亲情、友情、爱情，无论什么样的关系，都需要在相处中保持界限，父母与子女之间同样需要保持界限。

心理学家海灵格指出：每个家庭成员都要扮演好自己的角色，角色错位，家庭就可能会有危机。边界，对父母、对孩子都意味着"我的自主性不能被强行干涉，我也会尊重他人的想法和需求"。孩子从母体分离之后，就已经开始依靠自己的独立系统生存。也就是说，从孩子出生那一刻起，父母和孩子的边界已经建立。随着孩子的成长，他会慢慢和父母分离，独立完成自己的人生。

但中国式亲子关系的最大问题，就是缺乏边界。父母总是过度关注孩子，担心孩子吃不好、穿不暖、学不好……父母忘记了孩子是独立的个体，需要属于自己的独立空间。这一需求源自我们作为一个有思想有情感的个体对于独处的需求，它可以是物理上的，比如思考和学习时不被打扰的空间；也可以是精神上的，比如需要放松或宣泄时，能一个人待着。

如果父母在孩子成长过程中，没有保持适当的边界，将孩子当作自己的附属物，对孩子横加干涉，孩子会承受很大的压力，遇到问题不敢与父母沟通，对父母失去信任。孩子还会因为父母的过度掌控，形成对父母的强烈依赖，难以独立。成年后更容易受到他人的影响，为了讨好别人违背自己的意愿，甚至可能被他人的情绪所绑架。这样的孩子是脆弱的，因为他们一直接受父母的安排，行为喜好都被父母左右，走向社会后一旦遇到障碍或挫折，就会下意识逃避，产生消极情绪，或者把问题推给父母。

在亲子关系方面，没有边界感的爱对孩子是一种负担，父母的随意干涉是给孩子的翅膀加上了沉重的锁链，孩子迫切想要逃离却又无力起飞，亲子关系会变得紧张而疏离。当孩子成长起来后，通常会迫不及待地离开父母。

"北大学子王某发万字长文控诉父母"就是一个非常典型的案例。

王某是某市高考理科状元，本科毕业于北大最好的专业之一生物专业，研究生留学于美国排名前50的大学。外人看起来，这是非常成功的教育案例。但他大学毕业后多年没有回家过春节，拉黑父母并写了一封长长的决裂信，彻底与父母断绝了关系。

他在信中讲述了自己和父母之间的种种经历，内容中多次出现"操控""冲突"这样尖锐的词汇。他觉得父母所有的付出都只是为了"控制我的人生，实现他们自己的期待"，而自己性格上的弱点，内向、敏感和不善交际，都是源自错误的家庭教育。

他在信中列举了许多例子：

小学一二年级的时候，班里要搞文艺演出，班主任要求大家穿齐膝短裤参加，妈妈不由分说地要他穿长裤，他提出带上短裤备用的请求也没被准许。从小到大，几乎所有的衣服都是按照父母的意愿和审美来置办，没有一次是按他自己的意愿来选择。

小学五六年级的时候，他对奥数很感兴趣，妈妈一开始不愿意让他去。有一次在外参加奥数考试回来后，他发现携带的文件夹不见了，找到之后文件夹已经被人划坏并涂抹。回家后，妈妈不但没有安慰，还讽刺说："这下你知道外面的世界很精彩了吧。"

高考考上北大，他以为能逃离父母的"控制"。可就在离开前，家人和北京的大姨打电话，请她多多照顾。大姨就像父母一样，不断给他打电话，甚至悄悄联系同学了解他的情况。

出国读研，父母的"关爱"依然如影随形，找了一位"老朋友"照顾他，可是他与这位父母的"老朋友"并无共同话题。

……

一个学业如此优秀的孩子，却有着无比压抑和痛苦的内心，世界上最亲的人，以爱的名义给他带来了巨大的伤害……这一切，都是父母没有保持和孩子的界限所导致的。没有独立的空间，就没有亲密的亲子关系，再多的爱都可能被曲解。

那么，父母和孩子相处的边界究竟在哪儿？

这世界上只有三件事，自己的事、别人的事和老天的事。所以保持和孩子的界限感，首先要在认知上明确什么是孩子

"自己的事"，比如孩子的作业，就是他自己的事，他应当自己完成，自己享受完成的嘉奖，接受没有完成的惩罚。还有要不要多穿一件衣服，要不要尝试新事物等，都要在行为上明确孩子为"自己的事"负责。对于孩子"自己的事"，父母要做的是为孩子提供适当的环境和精神支持，但决定权交给孩子。

只有父母把孩子自己的事情交给孩子自己选择和决定，孩子才会逐步建立起对自我的认知、独立的精神空间。父母和孩子人格和精神彼此独立，才有可能建立起健康良好的亲子关系。

认真倾听，读懂孩子

生活中，我们常说"懂比会更重要"。在亲子关系中，也是如此。

咨询中，我发现很多父母其实不懂自己的孩子，总是从自己的角度去猜测孩子内心的想法，并由此单方面得出结论。但实际上，孩子可能并不认同父母的想法，还会认为是父母把无端的评价强加给自己。

想知道自己是不是真的懂孩子，你可以问问自己，是否能通过孩子的表现，看到孩子内心深处真正的想法；是否能通过孩子的语言、声音、语调、动作、表情、行为，等等，了解孩子真正的情绪，以及情绪背后的心理需求。

比如孩子早上赖床不肯上学，你知道孩子真正的需求吗？孩子是不是没睡够，所以不愿意起来上学，还是不喜欢上学，抗拒去学校？如果是前者，他需要更充足的睡眠，你可以和孩子沟通如何调整作息，增加睡眠时长。如果是后者，你就要进一步了解引发孩子抗拒学校的原因是什么，是学习太难，作业太多，被老师批评，还是和同学有矛盾？孩子表现背后的需求不同，解决问题的方法也完全不一样。

读懂孩子之前，父母也需要了解自己，学会将自己的心理需求和孩子的行为区分开。觉察孩子行为发生时，你的内心感受和情绪，思考背后隐藏的心理需求，以及如何管理自己的情绪。

还以孩子早上赖床不肯上学为例，你可能会特别着急，大声催促孩子起床上学。孩子的行为让你感觉生气、委屈、疲惫。感受背后是你的需要，需要掌控感，需要被看见，需要休息，坦诚地面对自己的情绪，解决自己的问题，而不是把自己的情绪和孩子的行为缠绕在一起，激化矛盾，把小问题发展成大问题。

这就是"懂比会更重要"，如果你读不懂孩子，就可能事倍功半，和孩子在一个问题上相互纠缠，导致问题越来越大，越来越复杂。但如果你能读懂孩子，站在孩子的角度去理解他，进入孩子的世界，支持守护孩子，孩子将学会解决自己的问题，在内在需求的驱动下，快速成长。

建立良好的亲子关系，不同阶段用不同方法

通过前面几节的内容，相信你已经了解亲子关系在培养孩子内驱力上的重要作用，以及如何从自身开始修炼，进而培养孩子的内驱力。接下来我将分享一些具体的方法，帮助你行动起来，和孩子建立亲密的亲子关系。

在孩子成长初期采用的方法

1. "三三三" 陪伴法则

心理学研究表明，培养亲子关系的"黄金期"是孩子 0~6 岁期间，尤其是 3 岁之前。父母错过陪伴的"黄金期"，会造成亲子关系疏离、冷淡。所以，在孩子早期的成长过程中，父母要特别注重对孩子的陪伴。

但现在很多家庭因为种种现实原因，父母能够陪伴孩子的时间有限，那么陪伴的质量就显得尤为重要。这里为大家提供一个易掌握、易操作，又非常有效的高质量亲子陪伴法则——"三三三" 陪伴法则。

第一个"三"，是指父母每天和孩子进行能量连接 3 秒以上，比如用充满爱的眼神注视孩子，给孩子温暖的拥抱，等等。

第二个"三"，是指每天用心倾听孩子 3 分钟以上。

第三个"三"，是指每天高质量陪伴孩子 30 分钟以上。

"三三三"陪伴法则的名称主要是为了帮助父母简单记忆和操作，3 秒钟、3 分钟、30 分钟只是一个参考数值，你可以根据自己的实际情况调整，如果时间充裕可以延长，如果时间紧张可以适当缩短，关键是一定要坚持去做，持续陪伴是最重要的。

2. 把握特殊场景

除了日常的高质量陪伴，父母还可以把握以下三个特殊的场景，有意识地陪伴孩子并对孩子进行引导，以达到事半功倍的效果。

场景一：当孩子提问时

你可能遇到过这样的场景：接孩子放学回家，路上的时间原本是一段幸福的亲子时光，可孩子仿佛化身"十万个为什么"，让人无力招架。有时候被问到"崩溃"，你可能就以"哪有那么多为什么""长大就知道了""没有为什么，事情就是这样的"这样的回答草草收场。

事实上，孩子的提问，是求知欲和好奇心旺盛的表现，是他在对这个世界进行探索。如果父母此时给予积极的反馈，会让孩子感觉自己的求知欲被满足，自己被重视，他会非常信任父母，并且继续积极地表达。所以，孩子提问时，是建立良好亲子关系的有利时机，父母一定要把握这个机会积极回应。

也许有的问题，你一时间也不知道答案，首先要做的是积极回应孩子，然后陪他一起寻找答案，或者支持他主动寻找答案的行动。比如：孩子第一次看到兔子，问："妈妈，为什么小兔子的眼睛是红色的？"你可以蹲下来，用充满爱的眼神注视孩子，对他说："哇，宝宝很细心，很有观察力，居然想到了这么棒的问题。对呀，为什么小兔子的眼睛是红色的呢？妈妈也很好奇，我们要用什么办法可以找到答案呢……"

生活中，孩子的"为什么"会随时随地出现。当你一次一次积极回应时，孩子会获得你对他的关注，感受到你对他的爱，更能够保有好奇心，激发学习的内驱力。相反，如果你没能积极回应孩子的"为什么"，甚至粗暴压制孩子，忽视了孩子的需求和情绪，则很容易引发亲子间的"情绪大战"。

场景二：当孩子执拗、犯错时

3岁左右的宝宝，会有一个敏感期，叫作"执拗敏感期"。你会发现孩子没有以前听话了，不听大人的建议和安排，动不动就对着干。他认定的事情一定要按他的想法来，否则就会大吵大闹。比如：进电梯，一定他按，如果妈妈按了，必须重新来过；大冬天，一定要穿夏天的裙子。表面看起来是孩子太任性、脾气不好、无理取闹，但其实他是处在自我意识的形成时期，此时孩子内心是敏感的、恐惧的，你的态度和处理方式，会直接影响未来孩子和你的亲子关系。

有的父母会简单粗暴地认为是孩子的问题，直接批评、遏制、责骂孩子，让孩子按照大人的意愿行事。这是最不可取的。你可以换一种思路，将这个时刻当作是你与孩子建立良好亲子关系的最佳时刻，和孩子进行深度的情感联结，让孩子感觉到"我很重要""爸爸妈妈很爱我"，引导他采取正确的行为。这样，不但能让孩子知道下一次遇到同样的情况该如何处理，也能建立良好的亲子关系。

场景三：当孩子拥有小小高光时刻时

我有一个闺蜜，是一位大学老师，她和 17 岁青春期的儿子关系很好。我问她是如何做到的，她回答说："应该是因为我平时的用心，记录了儿子所有的小小高光时刻吧，比如考试进步了 3 分，学会了一项新的技能，被老师选为小组长，做了英语课代表，比赛得了名次……"

儿子每一次小小的高光时刻，她都会特别重视，有时在家加个鸡腿，有时订个蛋糕，有时去他喜欢的餐厅庆祝。她说，从孩子上小学一年级时，她开始每天记录孩子的高光时刻，半年多后，她就看到了儿子非常大的改变：原本怵体育课的他，主动报名参加学校的课后田径运动；每次体育课测试，他会一脸骄傲地告诉妈妈，自己又超越了之前的记录，进步了几分几秒；后来居然自己报名代表学校去市里参加田径比赛，也拿到了不错的成绩；运动甚至成了他作文中经常写到的话题。妈妈持续用心的记录，让孩子越来越自信，从害怕体育课到我敢、我行、我可以……

在孩子 0~6 岁，尤其是 3 岁前，父母按照上述方式去做，给予孩子稳定、高质量的陪伴，那么父母和孩子将形成和谐有爱的亲子关系。如果错过了这段时间，或者亲子关系已经出现了裂痕，父母也需要积极采取行动修复，下一节内容我将为大家分享四种贯穿孩子成长过程的方法。

贯穿孩子成长过程中采用的方法

1. 积极主动的情感互动

任何关系，都需要情感互动来维系，父母和孩子之间也不例外。想要建立良好的亲子关系，父母首先要积极主动地和孩子进行情感互动，建立牢固的情感联结。

情感互动，是指父母和孩子产生心与心的交流。这种交流是亲密的、充满爱的，而不是停留在口头的关心，比如"吃饭了吗""写作业了吗""好好学习了吗？"……这样随口的问候，仅仅是单向的、居高临下的关心，父母和孩子之间的情感没有流动起来。只有当父母与孩子有充分的情感互动时，孩子才能感受到父母流淌的爱意，才会对父母产生信任感，拥有内心的安全感，对父母敞开心扉，展示真实的自己，而这是建立良好亲子关系的关键。

现代的父母多是忙碌的，特别是双职工家庭，工作和家务几乎占据了他们所有的时间。这种情况下，父母更要积极和孩子沟通交流，建立起良性的亲子互动。这个过程中，有两点注意事项：

一是及时回应孩子。当孩子渴望父母的陪伴和情感互动时，父母可能会因为种种原因拒绝了孩子的要求，没有及时回应。一次两次，可以及时补救，但如果拒绝的情况经常发生，孩子可能会关上心门。

二是关注孩子的表达。情感互动是双向的情感联结，不是单方面的输出，有来有往才能有效。在咨询个案中，我看到很多父母只会单向地将自己的期望和要求向孩子灌输，忽略孩子的表达，等孩子出现行为问题后，才知道孩子内在的心理问题已经相当严重。

具体怎么做才是有效的情感互动呢？我为你准备了三个有效方式。

（1）理解式语言互动

语言，不仅能传递信息，更能传递感受。透过语言，你可以关注到孩子的内心感受，表达自己的内心感受。理解式语言互动，指的是在和孩子沟通的过程中，真诚地站在孩子的角度理解孩子的烦恼、问题、情绪，并通过语言表达，让孩子感受到自己被理解，被认同。

比如，孩子作业没有完成，如果只关注事情，你可能会说："怎么这么慢啊，一点点作业，写这么久还没写完。"如果换一种理解孩子的语言和孩子沟通，你会说："这么多作业，确实会有压力，从回家到现在已经 1 个多小时了，我们只写了一行，真的太难了。"当孩子感受到你对他的理解，以及你的感受时，他会愿意和你沟通，说出自己的问题。

（2）肢体上的亲密互动

相比语言，肢体接触更真实、更直接、更有温度，能瞬间拉近心与心的距离。原因在于，当人与人之间有安心的肢体接触时，身体会释放催产素，让人感受到与他人的联结。在亲子关系中，100 句爱的语言可能都比不上一个拥抱。

如果你的孩子还很小，一定要记得多去拥抱他；如果孩子比较大了，对拥抱有些害羞，可以通过摸头、拍一下肩膀、手牵手这些方式，经常和孩子有肢体的接触。

（3）文字交流互动

有些父母情感比较内敛，或者孩子性格比较内向，可以尝试用文字互动。现在有很多种传递信息的方式，书信、便签、电子邮件、即时通讯，等等，父母可以选择合适的方式和孩子用文字交流。交流的内容可以是简单的日常，也可以是有深度的主题。文字还有一个独特的优势，可以穿越时空保存下来，成为美好的记忆。

总之，无论用什么方式，核心目的是情感互动，互相传达感受，此时亲子之间爱意就流淌了，亲子关系就是流动的、柔软的。

2. 多欣赏和肯定你的孩子

从出生到长大，孩子要用尽全力走出每一步，而父母是他们最大的支持者。如果父母能在孩子成长的每一步，都给予肯定，表达欣赏，孩子会感觉充满力量，也愿意不断回应父母，良好的亲子关系也是水到渠成。

所以，当孩子做得很好的时候，哪怕是生活中的小细节，如主动和人打招呼，收拾自己的东西，关怀年幼的小朋友，问候亲人长辈，等等，父母都要及时给予认同和赞许。获得正向反馈，能帮助孩子建立自信心，更主动地采取正向行为，进入正向循环。父母也可以在表达欣赏的过程中，强化和孩子之间的亲密感，亲子关系自然会进入一个良性循环的状态。

这个过程中有两点注意事项：一是更关注孩子努力的过程。如孩子完成作业，不仅要表扬他完成了，还要告诉孩子："你在完成作业的过程中坐姿端正，神态认真，特别投入。"二是要把观察到的细节总结成品质反馈给孩子，比如和他说"你是一个特别认真，对待学习负责的孩子"或是"你是一个效率很高的孩子"。

3. 平静应对孩子的负面情绪

情绪是一种客观存在，不会因为你不喜欢它就消失；情绪也是一种主观感受，只能体验它、管理它，而不能强力压制它。孩子对于情绪的认知、表达、管理都还在成长中，他们还不知道如何表达情绪，如何调节情绪。为了给情绪找出口，他们往往采用直接的行为来发泄情绪，如大吵大闹、发脾气、搞破坏。

父母需要特别注意观察孩子，通过孩子的语言、表情、行为来识别孩子的情绪。当察觉孩子产生负面情绪时，用心倾听孩子的内心，了解孩子的真实想法，向孩子分享自己的感受，通过细致的沟通分享，帮助孩子识别自己的情绪，学会表达情绪。

倾听孩子的内心，父母需要内心平和，充满耐心。有一句话叫定能生慧，只有内心非常平静的父母，才能真正听懂孩子此刻当下的情绪、感受和需要。

4. 将日常生活趣味化

游戏是孩子的天性，也是孩子的权利，更是孩子最擅长的事情。细心的父母可能会发现孩子幼年时期就很喜欢在游戏中表现自我，而且还能在玩游戏的过程中学习表达自己的意见和感受。原因就在于游戏中的氛围是放松的、充满趣味的，这能让孩子沉浸其中，自然放松。

因此，将日常生活趣味化，营造一个放松的家庭氛围，也能培养亲密有爱的亲子关系。

日常生活趣味化，会让孩子感觉到家庭氛围是放松的，父母是可爱可亲的，是真实平等的，而不是高高在上的。而且，父母可以在陪孩子玩游戏的过程中，将规则、合作、目标、组织等信息直接传递给孩子，效果比苦口婆心的说教更好。

父母不妨每天抽出一些时间专门陪伴孩子玩耍，让孩子在安全和鼓励性的气氛下，和你一同开怀玩耍，加强亲子间的亲密接触。

这里分享三种将日常生活趣味化的小方法：

（1）角色扮演。比如邀请孩子当老师，父母当学生，孩子模拟老师的课堂教学，把白天学过的知识，给父母讲一遍。

（2）故事分享。父母和孩子可以轮流分享故事，甚至是讲笑话，营造轻松愉悦的家庭氛围，还能培养孩子的表达能力和逻辑思维能力。

（3）穿越游戏。父母穿越到和孩子一样的年龄，和孩子一起玩他的游戏，比如捉迷藏、搭积木、拼拼图等。

在这个过程中，父母要注意的是和孩子进入平等的角色，尽力去年龄化、去角色化，把自己也当成一个孩子享受其中。

将日常生活趣味化，能让孩子的天性得到释放，快乐玩耍的同时又锻炼能力，亲子关系会越来越好。

有了良好的亲子关系作为基础，教育是一个享受的过程，而孩子也会在父母的呵护下，在内驱力的带动下，不断成长进步。

第三章

激活孩子内驱力，性格色彩助你一臂之力

本章我将分享一个非常实用的工具——"FPA®（Four-colors Personality Analysis）性格色彩"理论，帮助你快速读懂自己的孩子，了解他的性格，知道他的内驱力从哪里来，同时也可以了解自己，知道自己和孩子组合在一起会发生怎样的"化学反应"。真正知己知彼，父母才能有效地培养孩子的内驱力。

性格色彩，助你找到孩子的内驱力来源

什么是性格色彩理论?

简单来说，"FPA®（Four-colors Personality Analysis）性格色彩"理论将人们复杂的性格类型分成四种，并用"红、黄、蓝、绿"四种颜色分别代表，帮助人们简单清晰地了解自己的性格、观察他人的性格，在人际交往中，做到知己知彼。

四种性格色彩中，红色性格的人积极乐观、感情丰富、好奇心强、善于表达、喜欢社交；蓝色性格的人谦和稳健、含蓄低调、坚韧执着、敏感细腻、谨守分寸；黄色性格的人直接坦率、追求结果、行动果断、直言不讳、掌控欲强；绿色性格的人善于跟随、情绪平稳、乐天知命、稳定低调、温和舒适。

之所以在本书中特别分享性格色彩理论作为父母了解孩子

的工具，是因为它简单易行，同时具有深厚的历史背景和广泛的现代应用。

性格色彩的理论基础来源于著名的古希腊医生希波克拉底，他提出"没有两个完全一样的人，但许多人有着相似的特征"。他认为人体是由血液、黏液、黄胆和黑胆4种体液组成的，4种体液在人体中的比例不同，导致人们形成不同的性格：

多血质，血液占优势：性格活跃，动作灵敏；

黏液质，黏液占优势：性格沉稳，动作缓慢，喜欢做旁观者被别人领导；

胆汁质，黄胆占优势：性格急躁，动作迅猛，喜欢做领导；

抑郁质，黑胆占优势：性格忧郁，动作迟钝，感情细腻。

卡尔·荣格作为现代心理学的里程碑式人物，1923年在其心理学著作中仔细阐述了性格与气质的差别。之后，美国的凯恩琳·布里格斯和她的女儿伊莎贝尔·布里格斯·迈尔斯根据荣格所划分的8种心理类型，研发出MBTI，将人划分为16种类型，帮助人们了解性格特征。

乐嘉老师在此理论的基础上，进一步发展了个性修炼的有效策略，研究不同性格产生的行为互动关系及塑造个性的内容，并将其他性格分析系统相互整合，赋予"性格色彩"的概念，研发了"性格色彩密码"工具。该工具一经推出后，性格色彩理论迅速受到关注，并被广泛传播应用。

接下来，我将分别介绍"红、黄、蓝、绿"四种性格人群的特点、行为表现、内驱力来源等，帮助你了解自己的孩子是什么性格，以便更有针对性地进行科学引导，让家庭教育变得更科学、更轻松。

深度解析四种性格色彩的孩子

1. 红色性格

红色性格有两个最大的特点：激情、快乐。红色性格明显的孩子在这两点上表现非常明显，他们通常外向活泼，追求快乐，注重体验和感受，喜欢自由创新，并且有强烈的表现欲，乐于表达自己的看法。

在心态上，他们通常拥有高度乐观的积极心态，喜欢自己，也容易接纳别人，情感丰富而外露。

在社交中，他们善于表达，表现力强，能轻松与人攀谈，容易受到人们的喜欢。同时他们爱好交友，善于与陌生人互动，喜欢接受别人的肯定并不吝赞美别人。

在学习上，他们比较主动，在完成短期学习目标时，极富爆发力，在团队中富有感染力，能够吸引并影响他人，善于赞美和鼓励伙伴，是令人愉快的学习伙伴。

在内驱力方面，他们的动机大都是快乐，有天生的积极乐观和强烈好奇心，这让他们追求新鲜、变化和刺激，积极尝试新事物，认识新朋友。

红色性格的孩子的劣势也很明显，比如虎头蛇尾、粗心、情绪化、3 分钟热度，状态不稳定，等等。

平时生活中，他们情绪波动比较大，容易大起大落。他们的表现会随自身情绪、外界状况变化，随意性比较强，显得缺乏自控。

在社交中，他们偶尔有些鲁莽冲动，缺少分寸，因为过度的玩笑和热情引来误解。他们比较喜欢当主角，只讨论自己感兴趣的话题，对自己不关心的话题心不在焉。在关系处理上，他们有时会有极强的依赖性，脆弱而不能独立。

面对学业，他们可能经常改变目标，随意性强，没有焦点，精力分散，具体表现是学习没有持续性。他们还常常会过高估计自己的能力，提出高目标，却又不肯花更多精力来达成目标，并且不切实际地希望所有学习都要有趣，常常在遇到挫折后，情绪不振。

如果你的孩子是红色性格，就要谨记：孩子容易被激发，也容易受打击，情绪起伏大，需要我们自身拥有强大的心力才能接住他随时可能爆发的情绪。面对这类性格的孩子，需要父母持续给予孩子积极正面的鼓励和支持，这会让孩子越来越有力量，情绪更稳定。

当你把握好孩子红色性格特点中的优势，并加以正确的引导，孩子的专注力会越来越持久，并不断强化，将来会在某个他喜欢的事情上，爆发出惊人的能力。比如：演讲、舞台表演、舞蹈等，在人际交往或才艺情感方面有出类拔萃的表现。

2. 蓝色性格

如果也用两个关键词来形容蓝色性格的孩子，那就是稳重和严谨。蓝色性格，是红色性格的对立面，红色性格的劣势，反倒是蓝色性格的优势。

一般而言，蓝色性格的孩子细心、专注，做事井井有条、一丝不苟，有时间观念且遵守秩序。他们注重承诺，坚守原则，责任心强，并且通常拥有很强的独立思考能力。

在社交中，他们敏感细腻，会设身处地为他人着想，默默为他人付出以表示关爱，但又很少向他人表达自己内心的想法。他们享受有深度的交流，喜欢小群体深度的思想碰撞，关注谈话的细节，能记住谈话时共鸣的感情和思想。在和朋友交往中，他们能够记得特殊的日子，送上自己的心意，也会在朋友遇到难关时，极力给予鼓舞安慰，经常扮演解决问题的角色。

在学习上，他们的自我要求很高，追求完美，而且坚韧执着。他们可以说是高度自律的孩子，特别能够遵守规范和流程，严格按计划执行，配合老师和父母。

在内驱力方面，他们的动机主要是追求完美。他们对自己感兴趣的事物有着巨大的热情，会将内在的热情转化为坚韧执着，在明确自己想要达成的目标后，会定下完备的计划，坚持朝着目标前行。

当然，蓝色性格的孩子也有劣势，比如想法多行动慢，容易较真，纠结于细节，性格上可能过于敏感，对自己过分否定、悲观。在我的辅导案例中，四种性格色彩中蓝色性格的孩子，出现抑郁症的概率是最高的。

在社交中，他们和人相处会有比较强的不安全感，相对比较被动，可能因为过度敏感，容易受到外界评价的干扰和影响。他们不太愿意主动与人沟通，往往被认为比较难相处，朋友不多。他们对环境会很挑剔，不太容易适应新的环境，比如去学校住宿容易无法适应，不能与室友好好相处。

在学习上，他们可能会因为过度追求完美导致效率低下，过于纠结细节而影响整体学习进度，对错误的容忍度比较低，遇到挫折可能需要很长时间才能复原。比如"橡皮综合征"在他们中间出现的频率较高，就是因为孩子过分追求完美，写作业的时候有任何不整齐不干净的地方，就会写了擦、擦了写，直到自己满意为止，以至于消耗了很长时间，效率很低。

所以，如果你的孩子是蓝色性格，对你的共情能力会提出比较高的要求。你需要站在孩子的角度，多关注他的感受，看懂他丰富的内在情感。如果能让孩子感觉到自己被关注、被读懂、被理解，他会发挥自己的天赋和才能，在学校里成为学霸，走上社会后成为领域内顶尖的人才，比如科学家、教授、专业人士……因为他们最严谨、最有研究精神，能够沉下心来专注地深耕自己的领域。注重细节和死磕精神是蓝色性格孩子独有的天赋。

3. 黄色性格

黄色性格，勇气和目标是它的关键词。

黄色性格的孩子有非常强的目标感，行动力也很强，做一件事通常不达目的誓不罢休。他们会不断给自己设定目标以推进事情进程，以结果为导向，擅长快速处理问题。

在社交中，他们坦率、直截了当，喜欢主导整件事情。朋友遇到问题，他们能迅速提出忠告，直言不讳地给出建议。同时他们有主见、有号召力、有组织能力，是天生的领导者。

在学习上，他们是四种性格中目标感最强、行动最迅速、精力最充沛、意志最坚定、自信心最满的那一个，有极强的上进心和求胜欲。

在内驱力方面，他们的动机主要是成就。他们对自己定下的目标，有强烈的实现渴望，会在目标的驱动下，接受挑战并渴望胜利。

黄色性格孩子的劣势在于以自我为中心，他们比较难站在别人的角度，体会别人的心情和想法。由于比较关注自己的感受，他们在社交中，常常会显得行事霸道、控制欲强，试图控制和影响大家按自己的方式做，或者希望他人服从自己，而不会让自己配合他人。

在学习上，他们如果没有完成目标，容易发怒或迁怒他人。即使犯错，也可能不妥协不认错。这一点可能在他们很小的时候就会表现出来，比如当他想买一个玩具，却一直没有被满足的时候，他会用各种方式，包括撒泼耍赖，来达成自己的目的。

如果你家的孩子是黄色性格，那么在和孩子相处的过程中，需要以柔克刚。如果和孩子较劲，试图压制，还给你的将是强烈的逆反和对抗。这类性格的孩子大胆勇敢，不害怕权威，会直接顶撞，破坏力十足。

所以，面对黄色性格的孩子，父母内心需要特别有力量，情绪稳定，不和孩子陷入情绪对抗。沟通中，父母尽量柔和，让孩子感觉到自己被尊重。如果你能读懂他并加引导，这类孩子将来很大可能会成为一个优秀的管理者、领导者。黄色性格是四种性格当中，最容易培养出企业家、领导者，最能干大事的性格。

4. 绿色性格

绿色性格最明显的特点是轻松和自然。

绿色性格孩子的优势主要在于自身宁静愉悦的气质、温柔祥和的吸引力。他们知足常乐、温柔谦和、低调稳定，有松弛感，能够融入所有环境和场合。

在社交中，他们不太容易和人产生冲突，几乎没有攻击性，擅长以柔克刚。而且极具耐心，是最佳的倾听者。处处为人考虑，和各种性格的人都能友好相处，与之相处轻松自然且没有压力。

在学习上，他们表现得比较听话，愿意配合学习安排，是老师最喜欢的一种性格。

在内驱力方面，他们的动机主要是稳定。他们看上去心平气和且慢条斯理，一旦对一件事情感兴趣，就会思考如何达成目标，并且在面对困难和挑战的时候，拥有足够的韧性。

绿色性格孩子的劣势也比较明显，得过且过，被动逃避，拨一拨才能动一动。

在社交中，他们害怕与人发生冲突，缺乏主见，容易被他人影响。

在学习上，他们没有明确的目标，安于现状、不思进取、害怕竞争，缺乏自信，宁愿做一个旁观者，也不愿争着做参与者，一般都是配合别人。

如果你的孩子是绿色性格，首先要做的是把目光放在他的优点上，比如平和宽容、温柔贴心，可以及时夸奖、激励孩子。

你还有一个特殊的"权利"——帮孩子做决定。他们不擅长做决定，如果你将决定权给他，他会一直犹豫不决。所以你可以适时帮孩子做决定，或者引导他做出决定，然后推动孩子达成目标，让他体验到完成目标之后的成就感和快乐。然后，再进一步影响孩子，培养他的目标感和行动力，克服性格中的劣势部分。

掌握了性格色彩理论这个简单实用的工具，你可以通过观察孩子的表现判断孩子是什么颜色的性格，还能内观自己，了解自己的性格特点，与孩子的性格连接，进而做出更有利于孩子发展和建立良好亲子关系的行为。

亲子性格色彩组合，知己知彼，因"色"施教

不同的孩子，有不同的性格色彩，不同的天性和特点，适用不同的教育方式。而父母也有自己的性格色彩，两种性格色彩叠加，就是我们说的亲子性格色彩组合。

如果父母不了解孩子的性格色彩及其特点，也不去识别自己的性格色彩，只是按照自己的喜好来教育孩子，往往会适得其反。如果你能够根据孩子和自己的性格色彩，调整自己的行为，选择合适的教育方式，将会事半功倍。

而且，孩子是不断成长的，父母不仅要选择适合孩子的教育方式，还要在他成长的各个阶段调整教育重点和方向。这样不仅亲子关系和谐，孩子健康快乐成长，父母自身也相对

轻松。更重要的是，孩子能够拥有持续的内驱力，逐渐独立自主，进入社会后才能应对更复杂的世界。

我总结了容易因为性格产生冲突的 7 种比较典型的亲子性格色彩组合，为你拆解每个组合的特点、教育要点、冲突原因、解决思路，告诉你如何轻松因"色"施教。

黄色性格的父母遇到黄色性格的孩子

黄色性格的父母遇上黄色性格的孩子，最常出现的场景是亲子双方都特别有力量，特别有主见，意见不同时，都试图去说服对方，按自己的想法做。

孩子小的时候，力量不够，而父母有足够的权威，即便不服气，也只能听从父母。但是，当孩子逐渐长大，力量不断增强，父母和孩子意见不同时，就好像"火星撞地球"，会产生激烈的冲突。这也是这种亲子性格色彩组合最容易产生的教育问题：孩子进入青春期，亲子之间各有想法并坚持己见。孩子强烈反抗父母权威，亲子矛盾爆发产生非常大的破坏性，父母很抓狂，孩子也很痛苦。

冲突出现，就是在提醒父母需要调整教育方式。如果父母无视这种提醒，坚持自身权威，那么接下来孩子很可能把所有时间和力量都用来和父母对抗，在大好年华荒废学业，其结果必然是两败俱伤。

小奇和妈妈就是这么一对黄色性格的母子。小奇从小成绩优异，在当地高中能考到年级前 20 名，妈妈是一位职场女强人。外人眼中这对优秀的母子却常常发生激烈的冲突。妈妈找我做咨询时，小奇已经把爸爸妈妈所有的联系方式都拉黑了。这是怎么发生的呢？

原来小奇在学校体育课上，老师指出他的错误，但他觉得自己没错，于是据理力争，和老师发生了争执，甚至吵了起来。班主任知道了这件事，认为小奇作为学生顶撞老师，需要给老师道歉、写检讨。小奇觉得明明老师犯错在先，为什么是自己接受惩罚，感觉老师就是针对他，很不公平，情绪激动之下，拒绝回学校上课。

小奇妈妈在工作中习惯以结果为导向，在处理孩子的问题时也是这么做的。小奇提出不去学校的时候，妈妈没有问发生了什么，为什么不去学校，而是直接拒绝了他的请求。她认为小奇正处于学习的关键阶段，成绩一旦下降很难再升上来，容不得一天的浪费，要求孩子必须回学校上学。

有一天，小奇自己从学校离开，父母以为孩子离家出走，非常着急，还好他只是从学校回到家里。当时妈妈非常生气，十分严厉地批评了他。她问小奇："怎么能这么不听话？怎么能为了不去上学，用这种方式对抗父母？"

小奇对妈妈的批评反应非常激烈，他说："你根本没有站在我这边，你到底是不是我亲妈，一直帮外人，一点也不帮我……"孩子激烈的质问让妈妈十分震惊,她说:"你是我儿子,我这么爱你,为你付出那么多,我所做的事情都是为了你,你竟然说我不是你亲妈,这么没良心的话你都说得出来!"母子俩就这么僵在那里,关系降到冰点。

于是,小奇拉黑了父母所有的联系方式,把自己关在房间里不说话不沟通,妈妈这才意识到问题有点严重。等到小奇提出要找心理老师的时候,妈妈才恍然,事情并非自己想得那么简单。

在第一次咨询中,小奇讲述事情原委时,情绪还是有些激动。他说:"老师就是错了就是不公平,班主任的处理也不公平,妈妈也不公平。"公平,往往是黄色性格的人执着和敏感的地方,他们非常有主见,当感觉自己受了委屈,受到不公平待遇时,一定会坚持自我,对抗到底。

在和妈妈对话时,我指出了教育方式中的问题:对于黄色性格的孩子,要懂得用柔和的方式引导他,让他学会如何坚持自己的主见,同时与他人平和沟通。目前的亲子冲突,父母需要承担主要责任,在孩子的成长过程中,不应该直接粗暴地打压孩子、不尊重孩子、不听孩子的想法和意见,过度包办,要求孩子所有事情都按自己的想法安排。

妈妈一开始不能理解,她认为自己全都是为了孩子,所有的安排也比孩子的想法更好。但黄色性格的她有一个优点,即便有疑问,也会先去执行,以目标和结果为导向。所以妈妈一边怀疑，一边落地。

她采用新的方式和小奇沟通，过程中虽有波折起伏，总体是向好的方向转变。小奇逐渐感觉到妈妈对自己的信任，愿意沟通了，双方的关系有了明显的转变。在咨询过程中，小奇身上黄色性格的优势，目标坚定、执行力强的特质逐渐发挥出来。他将在咨询中学到的方法积极用在生活中，遇到挫折能迎难而上，越挫越勇。小奇妈妈则在咨询中学习如何管理黄色性格中的过当行为，学习绿色沟通表达方式，用柔和委婉又立场坚定的方式去和孩子沟通。

在半年多的咨询过程中，母子俩积极学习和练习，小奇顺利回到学校上学。我还收到了妈妈的报喜：小奇的期中考试成绩居然年级名列前茅。

黄色性格的父母和黄色性格的孩子，是最容易出现冲突的亲子性格色彩组合。但是只要父母改变自己的教育和沟通方式，效果可以说是立竿见影的。父母把用在孩子身上的目标感、执行力、高要求、严标准，用回到自己身上，并充分发挥这些优势，效果会非常惊人。

小奇妈妈就是最好的案例，她在学习过程中做到了最重要的三点：

一是执行力非常强。她说："虽然我有所怀疑，但我眼下找不到更好的方法，那就先落地实践，再复盘总结经验。"

二是目标坚定，百折不挠。黄色性格的她，不达目的誓不

罢休，有困难、有反复、有挑战、有不适，还是一路坚持，直
到改变发生。

三是坚定的力量用在自己身上，柔软的表达方式用在孩子
身上。黄色性格的孩子需要用爱的方式唤醒他，用柔软的方式
理解他。当孩子觉得内心被充分理解，能力被充分肯定时，他
的内驱力就会被激发，对自己的高标准严要求会表现出来。建
立目标后，孩子会有充分的内在动力，向着目标持续努力。

黄色性格的父母遇到红色性格的孩子

红色性格的孩子充满好奇心，喜欢新鲜刺激，创造力"爆
表"，只是他们会一直在变化，今天喜欢这个，明天喜欢那个，
做事情三分钟热度、虎头蛇尾。当黄色性格的父母遇到红色性
格的孩子时，父母会觉得孩子太善变，希望孩子能够持续专注
一件事，同时想要孩子是可控的，直接干预孩子的行为，以控
制孩子，满足自己的期待。

这对亲子性格色彩组合中的父母和孩子，就像"猫和老
鼠"，一个想控制，一个想逃离。红色性格的孩子原本就容易
波动的情绪，可能变得更加起伏，容易和父母发生冲突甚至对
抗。但他们的情绪来得快，去得也快，这会儿被父母严厉地教
训，甚至打骂，过会儿就好像忘记了，兴致勃勃去做自己感兴
趣的事。

　　父母可能觉得孩子很皮实，大大咧咧什么都不在意，其实这是因为他们有很强的情绪复原能力。孩子在和父母的冲突中，往往是一边对抗一边退缩，对抗时不管不顾，情绪释放后又会按照父母的要求去做。

　　黄色性格的父母遇上红色性格的孩子，往往会有些不知道该怎么和孩子打交道。他们习惯给孩子定目标，对孩子要求标准高。可红色性格的孩子往往让他们有些捉摸不透：这孩子有时十分上进，成绩突飞猛进，活力满满；有时又十分害怕困难，好像什么事情都做不成，成绩忽上忽下，还会把问题都扔给别人。当他们觉得孩子失控时，会变得焦虑，进而采取比较严厉的方式管束孩子，导致亲子冲突。

　　但父母一定要注意，红色性格的孩子虽然情绪复原能力比较强，但如果长期被打压否定，也会变得越来越不自信，越来越敏感。

　　妍妍是典型的黄色性格，女儿小雯则是典型的红色性格。小雯从小性格好、长相好、学习好，一直以来，都是妈妈的骄傲。红色性格的她热情大方，活泼开朗，十分招人喜欢，上学后成绩也不错，经常担任学校晚会以及各项活动的主持人。妈妈觉得女儿很有天赋，一直对她严格要求，把女儿当成自己的完美作品来培养。女儿的表现也让她非常满意，她很有成就感。

　　但是，小雯进入初中后，情况发生了巨大的变化。初中学业加重，小雯开始有些吃力，成绩也有所下滑。学习中遇到的困难，让她觉得非常有挫败感，红色性格里的弱点开始表现出来：情绪起伏不定，经常处于低落之中，想逃避学习，做自己觉得开心的事情。

妈妈看到女儿成绩下滑，并没有深思背后的原因，直接指责孩子不用功不努力，她认为女儿没有把所有时间放在学习上，经常刷手机、看小说，成绩自然会退步。

焦虑的妈妈特别想要改变孩子，想让她变成一个上课认真听讲、回家高效完成作业的"学习机器"。但红色性格的小雯喜欢新鲜感，受不了日复一日的重复。越来越重的学业负担，已经退步的成绩，妈妈的指责，都让小雯有深深的无力感。于是她选择寻找其他的刺激，迷恋上玩手机，追小说、追漫画、打游戏。她沉浸在轻松的虚拟世界中，把手机当作精神寄托，以逃避沉重的现实。

矛盾在控制和逃离中不断被激化。渐渐地，只要妈妈阻止小雯玩手机，要求她认真学习，就会受到反抗，而且一次比一次激烈。有一天，妈妈从小雯手中抢过手机，让她不要再看，没成想她走到阳台边说："是不是我从这里跳下去，你才会满意！"妈妈一身冷汗地惊醒，发现问题似乎已经无法收拾。

经过朋友的推荐，小雯妈妈找到我进行咨询。她讲述了从女儿初一开始，母女之间发生的种种矛盾冲突，自己的困惑、苦恼和痛苦。听完后，我第一时间明确指出她在教育孩子过程中存在的误区：红色性格的小雯进入初中，第一次遇到学业挫折，她不知道该如何处理，需要一个包容的环境，释放成绩滑落带来的挫败感。等她在低谷中体验过之后，父母再及时给予她温暖的陪伴和激励，帮她学会如何应对挫折，努力达成目标。但妈妈采取了最糟糕的一种方式：打压逼迫红色性格的小雯。打压逼迫只能带来激烈的反抗。学业上受挫、和父母关系紧张的孩子，需要一个精神寄托，因此小雯迷恋起手机里的虚拟世界。当孩子沉迷于玩手机时，父母还没有反思，而把手机当作"替罪羊"，认为是手机影响了孩子的学习，并没有意识到真正的原因是孩子对自己失去信心，无力面对学习，无力面对现实。父母错误的认知，最终导致局面无法收拾。

经过一段时间的咨询，小雯妈妈逐渐意识到自己在教育孩子时的问题。咨询中，我也将正确的方法告诉她：面对红色性格的孩子，父母需要的是绿色性格和蓝色性格，使用绿色性格柔和包容、鼓励赞美的沟通方式，拿出蓝色性格有立场讲原则的特点，温和而坚定地教育孩子。

妈妈慢慢尝试用温和而坚定的方式和小雯沟通。比如玩手机，她一方面充分理解小雯对手机的需要，接纳孩子因为玩手机这一需求得不到满足所释放出的情绪，包容她、陪伴她。另一方面坚定执行和孩子约定的每天使用手机时间。

这样的方式持续了大约一个学期，小雯将精神寄托从手机上收回，注意力逐渐转移到学习上，爆发出前所未有的冲劲。她和妈妈说："我在这学期要成为一匹黑马，要重新反超！"

红色性格的孩子就是这样，有了充分的能量滋养，会变得热情如火、信心满满，充满无限内驱力，朝着目标前进！

7岁女孩乐乐和她的妈妈也是这样一对红色性格孩子和黄色性格妈妈的组合。

因为家庭分工的原因，乐乐妈妈放弃了自己的外贸工作，全职在家带娃。黄色性格的她将自己原本放在事业上的注意力，以及高标准严要求，都转移到孩子身上。她认为自己作为全职妈妈，工作就是带孩子，工作目标就是培养优秀的孩子，于是立志要将乐乐培养成一个女学霸。没想到，职场上无往不利的女强人，在孩子一年级就遭遇滑铁卢，乐乐不但没有成为女学霸，反而成为天天作业上"黑榜"、被老师点名批评的对象。

乐乐妈妈加入了我的线上课程——养心父母训练营，她在课程中分享时是这么描述的：进入小学，乐乐就出现作业写不动的情况。每天孩子写作业，妈妈在一旁全程盯着，但是妈妈越盯孩子写得越慢。妈妈在一旁恨铁不成钢地苦口婆心，孩子一边写一边抹眼泪，半天都写不动。每天母女俩就这么来回拉锯，循环往复。她苦恼地问："孩子才7岁，怎么就会发生这么严重的对抗呢？"

深入了解后，我发现，乐乐是典型的红色性格孩子，她很有创造力，充满热情，但不喜欢枯燥乏味的学习。刚刚进入一年级，她就被语文书写的作业难倒了，于是很抗拒做作业。她的抗拒在黄色性格的妈妈眼里就是偷懒，不愿意完成作业。妈妈认为，完成作业是学生应该要做的，必须要完成，不应该有抗拒、逃避。而乐乐认为遇到挫折，妈妈不但不帮自己，还严厉地要求自己克服困难，乐乐在妈妈和学业的双重压力下，对写作业越来越抗拒。

乐乐妈妈了解红色性格特点之后，明白要顺应孩子的性格去引导她，让她有更多表达机会，于是也让乐乐参与到了我们的咨询和线上课堂中。课堂上，乐乐的表达能力非常强，情感也非常丰富。更令人惊喜的是她会用巧妙的语言去表达自己丰富的情感，经常能说出充满想象力的词汇。

在我的线上课堂，乐乐受邀作为小老师，变换声音出镜，常常语出惊人，令我们哈哈大笑。她还擅长画画、书写。乐乐的优势都被改变后的妈妈看到并充分肯定，这让她的自信心逐渐恢复。

乐乐妈妈还使用有原则又不断给孩子赋能的沟通方式，乐乐不断被激励，好像开挂一样：新学期每天作业都得 A，经常得到小红花奖励，画的作品被评为优秀奖，写的作文《20 年后我的样子》被登在学校的公众号上。

黄色性格父母和红色性格孩子的冲突原因主要在"一收一放"上，父母想掌控，孩子要自由。如果父母能够转变教育方式，不控制孩子，而是给予正确的引导，让孩子在好奇心的驱使下发挥创造力，孩子会还给父母很多惊喜。

黄色性格的父母遇到绿色性格的孩子

黄色性格的父母遇到绿色性格的孩子，一开始一切都很美好：父母有目标感、积极主动、严格要求，孩子佛系、随遇而安。父母的要求，孩子通常都会接受并服从，基本能够完成相应的学习任务和生活安排。父母觉得自己有一个听话的孩子，学习生活表现都不错，于是继续为孩子制订目标，全权包办。

这一切看似美好，实则忽略了孩子的真实想法。随着孩子年龄增长，黄色性格的父母会感觉管孩子越发吃力了，无论让他做什么，都像是一个拳头打在棉花上。绿色性格的孩子不会对抗，没有反应，仿佛无欲无求。

其实，绿色性格的孩子再佛系，也会有独立自主的需求。但长期被父母管着，没有表达过自己的想法，他可能已经失去了自主选择的能力。父母不断提出新要求，他觉得自己无论怎么努力，父母都不满意，很难达到父母理想中的样子。他的内心产生一种无力感，自我评价很低、自我价值感很低，具体表现就是比较自卑，面对困难选择逃避。

自卑的孩子内心充满无奈和迷茫，他们自我否定，觉得一切问题都是自己的错，都是因为自己不够好，但也确实不知道该怎么做才能让父母满意。在一次次的自我否定中，孩子会陷入习得性无助，习惯性地认为自己不行，小时候依赖父母管理和照料，长大后也会依赖身边的人，比如依赖伴侣、依赖领导，等等。

孩子长期被父母严格管教，比较容易受到诱惑，进而沉迷网络、游戏、小说、漫画，等。因为他们的意志力不强、对自己要求不高，一旦沉迷就很难戒除。

如果你是黄色性格，而孩子是绿色性格，可以审视一下自己和孩子的相处方式，孩子遇到困难时的处理方式等，看看孩子是不是在不知不觉中已经形成了自卑的性格。如果是，请一定要重视。你可以有意识地调整教育方式，一方面给孩子更多的肯定和鼓励，一点点重建他的信心；另一方面要给孩子选择的机会，适当放手，让他自己去尝试、去体验、去承担。直到孩子拥有自主选择的能力，找到自己想要的目标，能独立制订计划并努力实现。

小熊是一个典型的绿色性格孩子，性格温和敦厚，亲和力很强。有一年暑假，他来参加我们的青少年爱心志愿者活动，我邀请小熊担任队长，主要的职责是点名签到、分发清点物资等。小熊做得非常好，老师们很喜欢他，小伙伴们也经常和他一起玩。小熊妈妈则是一个黄色性格妈妈，从事金融投资工作，形象精致漂亮，对老公、对孩子、对自己都寄予了极大的期望，也有严格的要求。

小熊妈妈一直觉得自己很幸福，有一个很爱自己的老公，一个听话的儿子——平时不让他接触电子产品，他也很配合。

直到 2020 年 3 月，在上网课期间，一个意外事件打破了家庭表面的幸福和平静，甚至让她产生了深深的自我怀疑。

那天凌晨，小熊爸爸发现小熊偷偷躲在被窝里玩手机游戏。爸爸妈妈和小熊沟通、仔细了解才知道，孩子偷偷打游戏已经有好几个月了，更严重的是他用零花钱给游戏充值了 3 万多元。一直以来，他们都非常信任温顺乖巧的小熊，零花钱都是他自己收着。所以小熊给游戏充值巨款的行为，让他们十分震惊。爸爸非常严厉地批评了小熊，气急之下还打了孩子两巴掌。小熊也知道自己有错，一开始还老老实实认错，但随着爸爸妈妈说得越来越严厉，他的情绪也爆发了，推开门跑了出去。孩子的举动，让爸爸妈妈很伤心也很担忧，他们从未想过向来贴心的孩子也会叛逆，还来得如此突然。

面对小熊的情况，妈妈有些不知所措，哭着给我打电话。听完妈妈激动的倾诉，我从中了解到小熊是绿色性格，亲子冲突相对容易化解，只要爸爸妈妈用爱唤醒孩子，孩子很快就能回归正轨。

和小熊妈妈沟通后，我请她将小熊送入我们的夏令营学习，同时她和丈夫一起接受我的一对一辅导。在这个过程中，我要求他们做三点调整：

第一，爸爸妈妈要郑重地向小熊道歉，原因是一直以来只从自己的意愿出发，不断给小熊提出要求，但从没顾及过他的感受，没有倾听他的想法，很少给他选择的机会。

第二，每天向孩子表达爱，告诉小熊："爸爸妈妈很爱你，你很重要，你的健康比什么都重要，熬夜太晚爸爸妈妈很心疼。"

第三，允许小熊充分体验玩游戏所带来的放松和快乐。跟小熊约定好手机的使用时间，家长和孩子都严格遵守按时手机放客厅的平等条约，准时睡觉，保证休息时间。使用手机的时间交给小熊自己安排，看视频或玩游戏都可以，父母不干涉。

小熊得知自己有选择权，能自由安排学习和游戏时间，非常吃惊，眼里满是不相信。他问妈妈："我真的可以打游戏？"妈妈回答说："爸爸妈妈很爱你，我们更希望你快乐，如果打游戏可以让你开心，那就打吧。不过我们约定好睡觉的时间，保证休息和健康。"

仅仅三个星期，小熊就主动和爸爸妈妈说：打游戏没意思，马上要中考，英语成绩还吊车尾，请爸爸妈妈找补习老师补习英语。三个多月后的中考，小熊的英语成绩从班级倒数第五，跃升到第三名。他以优异的成绩考上了深圳的一所重点公立高中。

黄色性格的父母和绿色性格的孩子的关系中，父母过于强势，孩子容易自卑、迷茫，经不住诱惑。但只要父母愿意改变，与孩子积极沟通，了解他内心真实想法，培养他自主独立，孩子就能够在父母的引导下，很快回归正轨，爆发出强大的能量。

黄色性格的父母遇到蓝色性格的孩子

黄色性格的父母和蓝色性格的孩子组合需要特别注意，如果父母一直按照自己的黄色性格特点，用自己的标准来要求孩子，用自己的意志来安排孩子，他可能会在青春期出现不同程度的心理问题，严重的话可能出现抑郁症状。

原因在于蓝色性格的孩子有自己的一套行事方式，他们希望按照自己内在的逻辑去行动，按照自己的标准去做事。年龄比较小的时候，他们无力反抗父母的权威，只能遵照父母的意志行动，但他们会不断吸收这个过程中产生的负面评价、负面情绪，长期压抑在自己的内心中。

而蓝色性格孩子的情绪释放是非常缓慢的，他们不太喜欢表达，也不喜欢无意义的沟通，更倾向于深入思考，以及精神层面的沟通和交流。所以他们可能在很长时间里一直吸收很多负能量，但从未表现、从未释放，直到内在承受不住，表现出明显的行为问题。往往这时候，他们的心理问题可能已经比较严重。

所以，如果父母是黄色性格，孩子是蓝色性格，父母在日常就一定要注意教育方式和沟通方式，发现一点苗头，就要及时和孩子沟通，有问题马上调整，最好能把问题解决在萌芽状态。如果父母能尽早了解孩子的蓝色性格特点，了解相关的心理学和教育学知识，知道如何与孩子沟通，如何正确引导孩子，就能避免问题发生。

我曾经遇到过一个比较典型的个案。

蓝色性格的小明在初三下学期时，说什么都不肯去学校。父母很焦虑也很困惑：孩子一直很乖很听话，马上要中考，却不肯去上学，到底发生了什么？他们在老师的推荐下找到我为孩子做一对一的心理辅导。

辅导过程中，我发现小明的心理问题已经严重到一定程度，有了一些躯体化的症状。躯体化症状是指当一个人的心理压力无法得到有效的缓解时，会透过身体的一些症状表现出来，比如头痛、失眠、乏力、不舒服，等等，实际上他的身体没有任何问题，医学检查也没有明显的病理改变，但就是会觉得自己有问题。

小明的躯体化症状主要表现在跑步的时候会觉得胸闷气短。他自己描述说，就好像心脏要冲出胸口，马上就会晕倒。但他并没有任何呼吸或心脏方面的问题，完全可以跑步。

咨询过程中，我发现小明极其细腻敏感，内心世界非常丰富。而他有一个黄色性格的爸爸。爸爸很爱孩子，也非常看重孩子，为了培养他花了很多心思。爸爸比较信奉成功学，认为男孩就该坚强勇敢。在小明很小的时候，爸爸就对他采取军事化管理。这给蓝色性格的小明带来了巨大的心理压力。

小明之所以在跑步时会出现严重的躯体化症状，就是因为小时候爸爸的一次训练。他记得是七八年前，那会才六七岁，爸爸带他去公园训练跑步，而他没有按照爸爸要求的方式跑，当场就遭到爸爸劈头盖脸的训斥。责骂持续了半个多小时，骂到激动时，爸爸甚至还踹了他两脚。这件事给小明留下了非常深的心理阴影，以至于只要跑步，他就好像回到当年的公园，变成六七岁的自己，生理上无法自控地发生反应。

小明的经历和表现，体现了蓝色性格孩子两个重要的特点，一是情绪内化，二是思维缜密。蓝色性格孩子有情绪时，不会像红色性格孩子一样大哭大闹，发泄了就完事了，他更多地表现为自己默默流泪，把情绪内化，把负面情绪压抑在内心。父母可能觉得孩子不吵不闹不哭，就代表没事了。但看看小明就知道，七八年前的事情，只要被触发就会引起巨大的情绪反应。而且他还清楚地记得当时的场景，能够清晰地说出当时在什么样的公园，周围环境什么样，还有什么人，爸爸怎么要求的，自己怎么跑的，爸爸生气是什么神态，爸爸骂了些什么，爸爸踹的两脚在什么位置……

类似的事情还有很多，小明几乎都采取了同样的处理方式。所以当他来进行辅导的时候，已经出现了非常强烈的身体防御反应：只要爸爸靠近他，和他说话，他的大脑就会进入一片空白。不是他不想听爸爸说话，也不是故意对抗，而是他在这种场景下会自动把自己的自我意识抽离出来，已经听不到爸爸在说什么，这是他在潜意识里形成的自我保护机制。这种自我保护机制形成的原因是，长时间被打压并吸收过多的负面评价和情绪，自身无法释放，全部积压在心里，太过沉重的压力让他喘不过气来，于是将自己抽离，让爸爸带来的压力无法传递到自己内在，将自己保护起来。

黄色性格的爸爸觉得小明长大了，对自己说的话置若罔闻，对父母爱搭不理、视而不见，于是更加严厉。殊不知，孩子已经出现了比较严重的心理问题。孩子拒绝去学校，是因为在学校也感受到巨大的压力，他说："当我进入教室的时候，我感觉整个空间都在挤压我，心脏被压得喘不过气来。"

如果你是黄色性格，而你的孩子是蓝色性格，请一定要重视并细心观察，关注孩子的心理状态。如果孩子已经出现了比较异常的行为或反应，要及时寻求专业心理医生或心理咨询师的帮助。如果还没有，那坐下来好好和孩子沟通，了解孩子的真实需求，多和他聊聊内心的想法和感受，尊重他的兴趣爱好，和他产生精神上的共鸣。蓝色性格的孩子是可以坐得住的孩子，他会在自己感兴趣的领域深深地扎根，父母需要做的是及时给予支持和鼓励，而不是强力的管制和干涉。

红色性格的父母遇到黄色性格的孩子

红色性格的父母遇上黄色性格的孩子，会组成一个非常有趣的亲子组合。红色性格的父母时而积极乐观，时而情绪低落，起伏比较大，也有些三分钟热度。而黄色性格的孩子，内心很有力量，面对父母的情绪起伏，可能表现得无动于衷。父母着急上火，孩子冷静如常，这会让父母感到挫败。父母需要被关注被肯定，于是会采取一些强力行动，希望获得孩子的回应。但孩子对父母这样"求关注"的行为有些"嫌弃"。父母感受到孩子的"嫌弃"，觉得委屈、失落，也觉得孩子不受控，他们会产生一种冲动，想要掌控孩子。一旦他们采取掌控孩子的行动，就会遭到对抗。所以红色性格父母面对黄色性格孩子的时候常常会表现得情绪波动很大，甚至哭哭啼啼，随意发泄情绪；而孩子面对这样性格的父母也是很无奈。

麦麦是一个非常典型的红色性格女性，她身边的人都觉得她热情开朗，像一个开心果，和她在一起特别快乐。可是自从儿子进入中学后，她的快乐、热情就都消失了。用她自己的话来说，她变得像一个"怨妇"，每天歇斯底里，动不动就哭，动不动就对孩子怒吼，她觉得自己要被孩子逼疯了。

原来，麦麦的儿子在进入中学后喜欢上打游戏，想要一部自己的手机。父母都不同意买给他，但黄色性格的他不达目的不罢休，用尽各种方法筹钱：省下自己的零花钱，向奶奶借钱，和同学用卡片换钱……他终于凑够了钱，买到一个二手手机。拿到心心念念的手机，他开始疯狂地打游戏。看到孩子一直沉浸在游戏里，麦麦非常焦虑，尝试了各种办法：断网、砸手机、抢手机、把孩子赶出家门，等等，所有能想到的强硬的、柔软的、讲理的、不讲理的、任性的、幼稚的方法都试了个遍，可孩子依然我行我素，继续打游戏。

一次次想办法，燃起希望，沟通无果，失望而归……这种反反复复的情绪起伏，让麦麦也十分痛苦。直到有一天，麦麦又向孩子发火，说着说着开始哭起来。孩子抬起头瞟了她一眼说："你是个疯子吗？"这句话让麦麦愣住了，她突然发现自己似乎不认识自己了。仔细思考自己的行为和情绪反应后，麦麦意识到自身出现了问题。

加入我们的线上养心父母训练营学习后，每一次连麦提问，麦麦一开始都是愤怒投诉，过程中痛哭流涕，结束时喜笑颜开，这是红色性格情绪起伏的典型表现。经过一段时间的学习，麦麦知道了孩子的性格特点，以及这个年龄孩子的心理特点和需求，开始有意识地用学到的方法，管理自己的情绪，让自己的情绪稳定下来，就算看到孩子玩游戏也尽量保持淡定。

感受到妈妈的变化，孩子慢慢敞开心扉，主动和妈妈聊天，分享了自己的心理变化。原来在进入中学后，他感觉自己被同学排挤，无法融入学校的环境，交不到好朋友，功课也很难，所以灰心丧气，借由打游戏打发时间，放逐自己。

麦麦学会了温柔而坚定的表达，没有再向儿子发泄自己的情绪，而是告诉他自己很爱他，很担心他因为长时间玩游戏影响视力、影响休息。说到动情处，麦麦还是会落泪，但这时候已经不是情绪发泄，而是表达爱的眼泪。这样的麦麦激起了黄色性格孩子的担当，儿子开始回应妈妈的表达，妈妈向他道歉，他也会向妈妈道歉，妈妈说担心他的身体，他也答应不会熬夜打游戏。有一天，他和妈妈说："放心吧，妈妈，我只是遇到困难，需要一段时间调整，相信我，给我一些时间，我会调整好自己。我并没有放弃学业，也不会荒废自己的人生。"

妈妈柔软的爱激发了孩子的责任感和内驱力。几个月之后，麦麦的儿子不再熬夜打游戏，11点前会去睡觉，把每天打游戏的时间控制在一小时以内，甚至还主动要求补习不擅长的英语，一步一个脚印坚定地向着自己定下的目标前行。

红色性格的父母遇到蓝色性格的孩子

当红色性格的父母遇到蓝色性格的孩子时，一热一冷会发生怎样的奇妙反应呢？

红色性格的父母，乐观开朗、为人热情，充满好奇心；蓝色性格的孩子，则显得少年老成，冷静沉着，逻辑严谨。一开始，孩子能感受到父母的热情，喜欢和父母一起玩。但随着年龄增长，孩子会看到父母的另一面：做事随意、喜欢玩笑，有时还有些鲁莽，他内心里觉得父母有些幼稚不靠谱。如果父母尊重孩子的想法，不用强力改变孩子，双方可以很好地互补。

但如果父母总是试图改变孩子，孩子会觉得自己不被理解，加上习惯将情绪内化，逐渐会感到越长大越孤单。

小丽是一个开朗外向、热爱生活的人，她喜欢交朋友、喜欢运动、喜欢接触大自然。她属于比较典型的红色性格。而她的儿子小刚继承了爸爸的蓝色性格。小丽常常觉得和两个沉闷蓝色性格的人一起生活太无聊了。不过，小丽对于儿子一直是鼓励式教育，也比较支持他做喜欢的事情。

小刚进入高二时，和爸爸妈妈说，学校出了政策，成绩好的学生可以在家自学，而自己一直不喜欢这个学校，这一年来都不能适应。小丽和丈夫讨论后，帮儿子向学校申请了长假，在家自学。但是，到高二下学期，学校不再批准学生在家自学。这让小刚觉得非常痛苦，他没办法适应学校的环境，一进学校整个人就非常难受，更不用说好好学习了。于是他向父母提出想转学，他说从第一天进入这个学校就不喜欢，觉得自己不应该在这里，现在每天进学校都很痛苦，所以想要转到别的学校去读书。儿子的要求，让小丽觉得特别困惑："我从来都是鼓励孩子，没有打压过孩子，怎么就出现了这么严重的问题呢？不应该啊。"

深入了解小刚的成长过程后，我发现孩子一直觉得自己的内心很孤独。妈妈很热情，每天拉着他做这做那，但很少问他想不想要不要。爸爸也是蓝色性格，爸爸沟通陪伴较少，焦点放在对他的要求上，设定了很多条条框框：要懂事、要讲礼貌、要尊重长辈、要听老师的话、要友爱同学……这让小刚觉得自己被束缚着，不被理解。他沉默地消化着自己的情绪，随着年龄的增长愈加孤独，直到承受不了压力的时候，才对父母说出来。

咨询中，我和小丽夫妻一一分析小刚和他们夫妻的情绪模式。小丽听后很震惊，她说："我还自以为自己的教育方式很开明，他想做什么我都尽力支持，原来是我自以为是了，是我让孩子在自己的眼皮底下变成现在这样的。我一点都不了解自己的孩子，更不用说真的懂他。"

小丽夫妻懂得了蓝色性格的孩子需要的是精神上的共鸣和理解。他天生自律并有强烈的秩序感，他会保持环境整洁，做事情节奏精准，并不需要依靠父母的约束和要求。孩子需要的是父母帮助他掌握内在世界和外在交流的平衡，让他既能保持自己内在精神世界的独立，又能和每种性格的人沟通交流。

了解了孩子的性格特点，小丽夫妻开始积极地改变。他们不再把注意力聚焦在孩子的成绩上，而是关注孩子的精神需求，和他做情感联结，让他读感兴趣的书，做想做的事情。他们也把自己的感受表达给孩子听。听到父母的表达，小刚发现原来感受是可以表达出来的，于是尝试着表达自己的感受。当他愿意开口说出自己的感受时，内在的精神压力就已经释放了一大半。

蓝色性格的父母遇到红色性格的孩子

如果反过来，蓝色性格父母遇上红色性格孩子，会发生什么？如果父母比较强势，这个孩子可能会很痛苦。因为蓝色性格的父母稳重严谨，喜欢整洁有秩序，他们希望孩子也是如此，按部就班、听话懂事。但红色性格的孩子天生喜欢自由，好奇心重，追求新鲜，所以性格会比较散漫随意。父母面对这样的孩子，会有强烈的约束冲动，会给孩子提出很多要求，让他的行为符合自己的期待。这就压制了孩子的天性。时间长了，孩子会因为天性被过度压制，心理上形成极大的内外冲突，严重的话可能导致抑郁症状。

西西父母找到我的时候，他们 13 岁的女孩已经在家里待了两个多月，每天白天睡觉晚上熬夜，不愿意洗脸刷牙。父母和她沟通，得到的回应是怒吼，让她做什么，她一定要反着来。父母一直觉得自己的孩子很乖，这场"叛逆"像是毫无预兆的"地震"，他们完全被震懵了，不知道发生了什么，更加不知道该怎么做。当他们把想到的方法都用上之后，发现女儿完全不为所动，感觉自己的精神都要崩溃了。

我了解后发现，西西妈妈是典型的蓝色性格，有轻微洁癖，喜欢整齐洁净，在家里更是不能容忍一点点不整洁，洗手间地板溅到的水渍，桌面掉的一粒米饭，地板上的一根头发，都会让她难以忍受。西西则是一个红色性格的孩子，从不在意这些细节。所以每次吃饭，饭桌就成了"教育基地"，妈妈会对孩子提出各种要求：应该要像个女孩，应该守规矩，应该好好学习，应该尊重长辈……本该享用美食、一家人轻松聊天的餐饮时间，变成课堂，吃一顿饭上一堂课，西西收获一堆条条框框。

西西小的时候，害怕父母的权威，只能接受父母所有的要求和约束，但她并不一定认同父母的要求和想法，只是无法表达出来，只能将委屈、压抑、愤怒都积压在内心。进入初中后，学业、人际关系的压力都来了，西西无法承受，情绪压力一下子爆发。红色性格还有一个特点是爆发力极强，所以父母感觉到西西强烈的反抗：妈妈要做什么，她坚决不做；妈妈有洁癖，她就不讲卫生；妈妈说教，她就怒吼……她已经不去分辨父母话里的信息，只要看到他们开口，马上怒吼回怼。

西西妈妈在我的引导下，了解了自己和孩子的性格特点，明白孩子为什么会充满愤怒：孩子是在用自己的方式对抗压制。知道原因后，妈妈开始了自我修炼。首先是提高自身的接纳程度，将孩子的空间还给孩子，尊重她在自己的空间里的行为，不再插手管制。同时，在孩子发泄情绪时，妈妈开始理解孩子，包容孩子，对她表达自己的理解和认同。她还为自己给孩子带来的痛苦，向孩子道歉。妈妈持续的行动，帮助孩子释放了过往积累的情绪和压力，西西慢慢从情绪低谷走出来，紧张的亲子关系得以缓解。

正如我前面所说，不同的父母和孩子，有不同的性格色彩，有不同的天性和特点。父母要主动了解自己，知道自己的优点和弱势，更要主动了解孩子，知道孩子的性格特点、沟通偏好、天赋爱好，等等，用真正适合孩子的教育方式，点燃孩子内心的火种，推动内驱力发挥作用，顺势而为，发挥孩子的潜能。

第四章

激活孩子
内驱力的
关键"三力"

我发现，缺乏内驱力的孩子大都存在三个问题：情绪不稳定、抗挫折能力弱、专注力不够；而那些内驱力强的孩子，大多数拥有稳定的情绪，顽强的抗挫折能力，对自己感兴趣的事情非常专注。

于是，我将培养孩子内驱力这一套复杂的体系，总结成简单易操作的"三力"教育——情绪力、复原力、专注力。

情绪力是内驱力的基础，孩子具有比较稳定的情绪，内驱力才能源源不断，推动孩子前进。复原力是内驱力的加油站，拥有复原力，在遇到挫折、陷入逆境、有了负面情绪的时候，孩子能很快调整自己，重新上阵。专注力是内驱力的生产线，孩子在内驱力的驱动下，把精力集中投放在具体的事情上，产出结果。专注力在哪里，产出就在哪里，内驱力转化的实际成果就在哪里。

培养情绪力，为孩子筑牢内驱力基础

情绪力是什么?

情绪力，简单来说，就是一个人掌控自己情绪的能力，包括识别情绪、觉察情绪、表达情绪、转化情绪等能力。拥有良好的情绪力，意味着拥有稳定的情绪，不会因为情绪内耗，削减自己的注意力。

情绪是人对外界最直接最快速的反应。它不仅是一种心理状态，还是一种生理表现，包括了行为表达、主观感受、生理唤醒三个层面。可以说我们每个人无时无刻都生活在情绪里，它影响着我们的生活和工作，影响着孩子的生活和学习，甚至可以说控制着我们和孩子对生活的满足感和幸福感。

良好的情绪力，是给孩子未来最好的礼物，它将伴随孩子的一生，成为孩子在未来遇到挫折时主动行动、积极处理人际关系等能力的基础。孩子拥有良好的情绪力，能够保持身心健康，同时拥有强大的内驱力，在生活中拥有更大的主动性，以及安全感、幸福感。

为什么激活内驱力要培养情绪力？

情绪分为正向情绪和负向情绪。正向情绪包括开心、轻松、喜悦、愉悦，等等；负向情绪包括生气、伤心、难过、委屈、挫败，等等。我们都享受正向情绪带来的美好感觉，希望摆脱负向情绪带来的糟糕感觉。从心理学角度来讲，正向情绪和负向情绪都是正常的，关键是，我们不能让负向情绪影响我们的身心健康。所以我们要做的不是消灭负向情绪，而是通过及时觉察情绪，合理表达情绪，将其进行转化，为我们提供能量。

　　孩子的情绪蕴藏着巨大的力量：一个容易生气的孩子，拥有强大的爆发力；一个经常伤心委屈的孩子，拥有很强的包容力……但是孩子无法管理自己的情绪，这些力量，会在失控的负向情绪中被错用、被消耗，孩子会失去对目标持续行动的力量，也就是内驱力。

　　想要培养孩子的情绪力，父母要有意识地看见孩子的情绪，引导孩子觉察自己的情绪，表达自己的情绪，帮他从负向情绪中走出来，培养孩子转化情绪的能力。这样孩子将能够把情绪转化为能量，拥有稳定的情绪。

　　如果一个孩子情绪稳定，他在遇到问题、困难、挫折的时候，能够快速转化情绪，不受负向情绪控制，冷静理智面对。他将拥有持续稳定的内驱力，将自己的力量更好地发挥在目标上，创造属于自己的未来。

　　如果父母只是一味关注孩子吃饱穿暖、成绩好不好，而完全忽视孩子情绪力的发展，任由孩子与负向情绪抗争，孩子会在这种挣扎中消耗很多时间，容易形成逃避心理，遇到问题就跑。长时间无法从负向情绪中走出来的孩子，他的内在的力量会被消耗殆尽，内驱力自然无从谈起，长期发展也会受到限制。

情绪力强的孩子是怎样的？

　　情商之父戈尔曼提出，情绪本质上是行动的驱动力，是进化过程赋予人类处理各种情况的即时行动计划。父母如果能够引导孩子正确认识和理解自己的情绪状态，可以激发孩子的行动，理性表达需求。孩子在父母的引导下，知道如何觉察和转化自己的情绪，进而保持稳定的情绪，拥有情绪力。

情绪力强的孩子，会用心理解自己的情绪，接纳自身的情绪，面对并转化负向情绪，逐渐学会更客观地看待生活中的人和事。他们有很强的适应能力，面对成长阶段环境的变化，比如小升初、初升高、进入大学等，能够比较快地适应，调整自己的心理状态。在进入社会后，能够应对更复杂更不确定的变化。

他们会有同理心，会站在别人的角度，设身处地为他人着想，理解他人的情绪和想法，体谅他人的立场和感受，这会让他们在人群中更受欢迎。

他们能够保持开放的心态，承受压力。遇到挫折，他们也会有受挫、难过、悲伤的情绪，但能够很快调整，不会让这些情绪影响自己。

最重要的是，他们会拥有持续的内驱力，积极应对挑战，主动成长。

不同性格色彩的孩子，如何培养情绪力？

1. 黄色性格的孩子

情绪力的培养，对黄色性格的孩子尤为重要。因为黄色性格是四种性格中好胜心最强的，也是最容易陷入情绪，从而影响人际关系的。

黄色性格的孩子非常有主见、有目标感、有行动力，认准的事情，就一定要做到。他的注意力大都放在事情上，放在自己的目标上，比较少关注自己和他人的感受。当目标无法达成的时候，他会困惑，会迷茫，甚至会愤怒，而他如果没有学会如何处理自己的情绪，会不自觉地将负向情绪发泄到身边的人身上，与他人产生冲突，让身边的人觉得痛苦，导致自己和他人的关系很难维持。

如果你的孩子是黄色性格，在观察到孩子出现负向情绪的时候，要向孩子反馈你的感受，让孩子知道他的语言和行为，给身边的人造成了怎样的影响。同时，也要充分理解孩子的内心感受，帮助孩子把情绪表达出来，引导他学会关注自己的内心感受，关注身边其他人的感受。孩子的情绪力会在父母的觉察和理解中逐渐建立起来。稳定的情绪、换位思考的能力，加上目标感、行动力，会成为黄色孩子的底层能力，滋养孩子的内驱力。

我的学员娜娜有一个正在读初三的儿子，他在学校与老师发生激烈冲突。学校表示要给孩子处分，他则说要去教育局状告学校。娜娜和先生想了很多办法和孩子沟通，完全没有效果，于是找到我，向我求助。

事情一开始只是孩子上课时和同学说小话，被老师发现并批评。因为正是初三的关键时期，老师的批评比较严厉，孩子非常不服气，认为老师针对他，冲老师顶嘴说："好几个人都说小话了，为什么你只批评我？"

这话让老师认为他不服管教，于是更严厉地批评了他，他越加不服气，师生冲突不断升级。最后孩子把教室后的凳子搬起来，想要往地上砸，尽管忍住了，没有真的砸下去。但这个行为让老师更加愤怒，将事情告诉了班主任。班主任要求孩子道歉，他不肯，又和班主任吵了起来。教导主任觉得他无法无天，要给处分。孩子坚决不接受，坚决不道歉，坚决不上学，表示要和学校死磕到底。随着事态发展，他的情绪越来越愤怒，也越来越钻牛角尖。

咨询中，我让娜娜先读懂孩子的性格：典型的黄色性格，对于公平与否比较敏感，也很有自己的主见。所以老师批评时，他敢于提出自己的意见。但他讲小话确实犯了错，在老师看来，属于知错不改，所以加重了批评。孩子觉得自己被针对了，非常愤怒，但他又不知道如何恰当地表达情绪，下意识地采取了对抗的方式。

娜娜回想起自己和孩子过去的沟通模式，发现这次的事情所暴露出孩子的性格缺陷，在过去就有迹象。她反思后说到，最重要的原因还是在孩子成长过程中，她和孩子爸爸对孩子的不同意见，没有足够重视，一直采取打压或妥协的方式，没有正确地引导他，告诉他如何在坚持自我立场和合理表达愤怒情绪之间找到平衡。反思之后是行动，娜娜和孩子爸爸一起积极学习如何帮助孩子表达情绪，思考如何让孩子学会管理情绪。不久后，在父母的陪伴下，孩子逐渐走出来，回到学校学习。

佑佑，是一个五年级的孩子，参加了我们每年暑假举办的以激发孩子内驱力为目标的夏令营。他在夏令营中担任宿舍长，负责整个宿舍的卫生和作息时间安排，还有厨房工作，做事非常认真。

一年前，佑佑的情绪容易激动，和妈妈之间的冲突很严重。如果妈妈不同意他的想法，劝说他，给他建议，他都会强烈地对抗，甚至大发脾气、摔砸东西……

妈妈对此很焦虑，不知道该怎么办。在夏令营的家长分享会上，佑佑妈妈随即找到我咨询。我认真倾听了妈妈的讲述，并对母子俩的性格进行了分析，妈妈和孩子都是黄色性格，她对佑佑的教育中缺乏情绪力教育。因为此前不了解自己和孩子的性格特点，没有觉察到孩子喜欢自己做主的性格，不会顺势引导孩子的想法和行为，更没有教他管理情绪。母子意见不同的时候，直接严厉打压孩子的想法。所以，佑佑巨大的黄色性格能量都用在了和妈妈的对抗上，渐渐地情绪也变得越来越不可控。

我教会佑佑妈妈如何用示弱求助的方式激发孩子的责任感和担当精神，如何用温柔的表达给孩子建议，如何尊重孩子的选择，如何持续给孩子进行正向反馈和赋能。

一年后，佑佑的变化令人惊喜，他能够保持比较平和的情绪状态，并且发挥出黄色性格的领袖力，成长为一个很有担当的小小男子汉。

2. 蓝色性格的孩子

一般来说，蓝色性格的孩子是四种性格中情感最细腻敏感，情绪起伏最大，却最深藏不露的一个。父母和朋友在与他们沟通时，通常很难看到他们的情绪有比较明显的变化。他们在社交上比较内向和被动，不会主动和人交往，但是对他人的情感和评价很敏锐。假如你和他说了十句话，九句话是表扬，一句话带有否定意思，他会更在意那一句否定，一直记得听到时的难受。所以蓝色性格的孩子很容易陷入负向情绪，产生对内攻击，不会向外表达释放，并且很长时间无法自拔。

家有蓝色性格的孩子，父母想培养他的情绪力，自身需要练就极强的精神联结、感受、解读的能力。因为孩子不会主动向外表达，但又极其需要精神层面的理解，所以父母要主动与他沟通内在感受。

父母积极主动地与孩子沟通，产生精神联结，当孩子感受到自己被理解时，会非常信任父母，愿意和父母分享自己的真实想法、情绪感受。父母可以更进一步地引导孩子学会与外界分享自己的感受，学会处理自己的情绪与外界、与他人的关系，形成良好的情绪表达和稳定的情绪。

学会与他人分享互动、感受互通，蓝色性格的孩子将成为非常值得信赖的人、能够支持他人的人。当拥有了良好的情绪力之后，蓝色性格的孩子将发挥出性格里的认真踏实、严谨专注的"学霸"特质，展现出强大的内驱力，持续地在一件事情里面钻研，不断取得学习成果。

小怡是一个蓝色性格的女生，高二开始在我这里做心理咨询，大学期间遇到任何卡点，也会主动来找我进行辅导。小怡的感情非常细腻，感受力很强，情绪很容易被影响，而她不善于表达，无法通过语言来倾诉内心想法。于是，她选择诉诸笔端，从小写日记，在日记里记录自己的生活和情绪。这让她练就了很强的写作能力，并且从中找到了成就感。她会通过文字书写自己的情感，把自己的开心、烦恼、痛苦都写进日记和小说里。而在其他学科方面，就比较偏科，比如她小学时害怕严厉的数学老师，一直无法克服对数学的恐惧，导致成绩很差。进入大学后也是如此，她喜欢的就学得很好，她不喜欢的就学不好。

过度敏感的性格也对小怡的情感造成影响。父母没有重视孩子性格特质，没有察觉她心中翻滚的情绪，教育方式比较传统，采取了一些不太恰当的打压。小怡对父母的情绪和评价极度敏锐，从 2 岁半到现在 20 多岁，爸爸的每一次否定，她都记得非常清楚，而这些事情的起因可能只是一块巧克力、一包糖、一件衣服、一次考试……咨询中，每每和我聊起这些事情，小怡的脑海里仿佛有一个清晰的账本，一翻开，她就能说出曾经的场景、爸爸的话语、她的感受，等等。

在大学时，小怡和一个男生建立恋爱关系。在亲密关系里，小怡需要对方理解她，能够和她共情，有深度的交流，这对男生的表达力和共情力提出了比较高的要求。而男生是个"直男"，不能满足小怡的心理需求，双方无法进行深入交流。小怡又比较注重安全感，希望确认自己在对方心里的重要性，处处都管着对方。男生感觉自己被控制，无法回应小怡，反而想逃脱她。半年后，男生主动提出了分手。

这件事给小怡的打击很大，她觉得自己如此投入地爱一个人，结果还是失去了。她说：世界上没有人爱她，她感受不到父母对她的爱，感受不到身边朋友对她的爱，感受不到亲密关系里的爱，自以为找到的爱，最后也会失去。她陷入了悲观的情绪中，完全失去了对未来、对自我的期待。

咨询中，我倾听她的情绪表达，帮助她释放负向情绪。并且我找到小怡的妈妈，请她也来参与咨询，手把手地教她如何和孩子更好地共情，排解孩子内心的孤独和寂寞。我希望帮助小怡从最亲近的人那里感受到理解和被爱。

小怡的心理辅导和修正，是一个缓慢的过程，因为她的价值观和信念体系已经成型，现在修正，就好像盖好的一栋大楼，在不拆除的情况下换整体风格，只能把楼里需要调整的部分，小心翼翼地分拆，一点点调整和翻新。这个过程花费的时间、精力和金钱，比盖一栋新大楼更多。

如果蓝色性格的小怡从小就懂得如何发挥自身细腻的敏锐

度，学会表达情绪，或者父母能在早期了解她的性格特点，站在她的角度，理解她内在的情绪和感受，成为她最温暖的港湾，小怡就可以在爱的港湾里快乐成长，不会任由敏感、悲观的情绪滋长。所以，父母面对蓝色性格的孩子，要及早觉察孩子的情绪，让孩子学会正确纾解情绪，不受情绪的裹挟，让所有的能量自然流露。

3. 红色性格的孩子

红色性格的孩子是四种性格里面情绪最容易受影响，起伏波动最大的。当他们遇到一件开心的事情时，会特别振奋，动力满满，充满希望和干劲儿，恨不能马上撸起袖子做成某件事。但过一会，他们可能遇到一个小问题，好心情马上就消失了，甚至备受打击，垂头丧气不想面对，失去行动的内驱力，做什么都提不起精神。

培养红色性格孩子的情绪力，关键是要让孩子意识到情绪有正向也有负向，会向上，也会向下，所有情绪都是自身的一部分，要学会与情绪低谷相处。父母需要给孩子提供一个比较稳定的情绪环境，这要求父母自身有稳定的情绪，能够稳稳接住孩子出现的情绪低谷。如果孩子每一次进入动荡低迷的情绪时，父母都能够接纳他当下的感受，允许他释放自己的情绪，陪伴他走出情绪低谷，带领他充分体验这一情绪转化的过程。那么在这个过程中，孩子就能学会如何觉察、转化自己的情绪，越来越快地从自己波动的情绪中走出来，恢复稳定的情绪。

文文是一个初三的女生，典型的红色性格，活泼开朗，精力旺盛。她来参加我的夏令营时，我观察到，她会积极主动地参加活动，开开心心地融入其中，和小伙伴们愉快地交流互动，有任何不好的感觉也会马上表达。但是文文有一个缺点，就是在遇到挫折时，情绪波动非常大。

咨询了解后，我发现原因在于，文文父母对她要求比较严格，做得不好就会批评、指责甚至打压，不太关注孩子的情绪。并且父母还会全面包办她生活上的方方面面，让孩子失去了锻炼的机会。

文文小学时品学兼优，父母以她为骄傲，老师重视她，同学朋友围着她，称得上是"别人家的孩子"。但是进入初中后，学习没有小学时得心应手，她逐渐感到吃力，初三时甚至有些跟不上课程。父母看着她的成绩非常着急，日常生活中也不由得带出一些批评和指责，认为是她做得不够好，成绩才上不来，还说如果现在成绩不好，以后无法考上好高中，进入好大学。这让文文深深陷入负面压抑的情绪中。

现实令文文很困苦，所以她将注意力投放到网络上，甚至和网友谈起了恋爱。父母担心女儿的成绩，又怕女儿受到伤害，通过各种手段试图终止这段关系。最终男生提出了分手，文文却陷入了更低落的情绪中，她把自己关在房间里，甚至给我发来信息说："钱老师，我想从这里跳下去。"我第一时间回复，并与她沟通，帮她转换情绪，避免了悲剧的发生。

在这个个案中，父母不关注孩子的情绪力培养，让孩子独自面对挫折、承受情绪波动，甚至还不断给孩子加压，使得一个本来学习能力不错的孩子，在情绪波动的消耗中，失去了学习的内驱力。

后来，我为文文的父母进行辅导，帮助他们了解文文的性格特点，让他们认识到对孩子而言，情绪力比升学、分数更为重要。他们开始学着调整，要求自己先关注孩子情绪，再讨论事情如何解决。他们还主动学习运用红色性格的优势，在日常生活中给文文赋能，肯定她的优点，唤醒她的内驱力，同时觉察和反思自己的情绪，以自己为示范，引导孩子学习如何为自己的情绪负责。

俊俊是一个红色性格的孩子，参加了两次我的夏令营，第一年，他沉迷手机，无法管理自己的情绪；第二年，主动上交手机，情绪平和地参与营中活动。一年的时间，我通过夏令营的陪伴和咨询辅导，帮助并见证了俊俊的变化，这让我非常有成就感。

还记得第一年，10岁的俊俊来到夏令营，他的妈妈和我说，孩子对游戏非常沉迷，收手机会引发他强烈的反抗，甚至可能大吼大叫、大哭大闹。在家里，每次争执到最后，家人都疲于应对，不得不向他妥协。而这种拉锯也在逐渐升级，俊俊的情绪越来越无法控制，一点就炸，也越来越依恋手机游戏。

按时收手机，是夏令营的规则，每个孩子都要遵守。遇到俊俊这样沉迷手机的孩子，老师们会运用"态度温和，立场坚定"的原则，按时收手机，但全然包容接纳孩子的情绪。一开始俊俊无法接受，老师们陪着他，让他充分释放情绪，但依然坚持原则。到第七天，俊俊面对收手机依然有情绪，但只要十分钟，就可以平复，和第一天比已经有了很大的进步。

我和俊俊妈妈分享孩子的表现和变化，她感到非常惊讶。她了解了孩子的红色性格特点，也逐渐认识到孩子的情绪虽然很激烈，但如果能用爱心和耐心，陪伴孩子纾解情绪，让孩子感受到被包容和理解，是可以改变孩子的。红色性格的孩子性格特点就是这样，他们受到正向肯定，就会充满动力。

于是，俊俊妈妈加入了我的私教班，针对性地学习如何和孩子相处，如何激励孩子，如何培养孩子的情绪力。一边学习一边实践，母子关系有了非常大的转变，变得越来越亲密，而俊俊的情绪也越来越稳定。

第二年再来到夏令营，到交手机的时间，俊俊表现得很主动，不仅把手机上交，还取下电话手表一起上交。我非常欣喜，马上给了俊俊极大的肯定。俊俊一直很开心，完全没有一年前的情绪表现。夏令营期间，老师们也非常惊喜地看到了他的变化：活动中积极愉快地参与，课堂上踊跃举手发言，表达观点清晰明确，令人印象深刻。

4. 绿色性格的孩子

绿色性格的孩子最大的特点之一是情绪平和。父母平时可能看不出孩子有太多的情绪波动，但是他们平时比较少表达自己的情绪，习惯逆来顺受，父母要特别关注他们有没有因为一些负面评价产生不好的情绪，压抑在心里。

如果他们长期接受负面评价，没有得到很好的纾解，容易累积，产生沉重的压力和负担。这种压力和负担会让孩子对问题和困难产生恐惧感，畏缩不前，只想待在自己的舒适区，不愿意接受变化和挑战，内驱力会在这种状态下，逐渐消失。

父母可以经常和孩子谈谈心，鼓励他们表达自己的感受，对他们的努力和优点及时给予肯定，肯定孩子一点一滴的进步。当他们感受到父母时刻关注自己，时刻激励自己时，会在平和的心态上产生愉悦的心理体验，进而拥有内在的力量，面对学业或其他挑战时，自身有较强的内驱力去应对。父母持续赋能，孩子不断向上，亲子形成良性互动，绿色性格的孩子将拥有平稳且持续向上的内驱力。

培养复原力，为孩子建立内驱力加油站

复原力是什么？

复原力，也叫心理弹性、心理韧性，是指个体面对逆境、创伤、悲剧、威胁或其他重大压力时，能够比较快速地适应，并重新振作起来的能力。

戴安娜·库图（Diane L. Coutu）在其《面对困境："复原力"的密码》一文中提到，复原力具有三个明显特征：一是冷静接受眼前的事实；二是在艰难时期依然能找到人生意义；三是有惊人的临场应变能力，擅长利用手中一切资源。

研究表明，复原力包括两个主要因素：内在保护因子和外在保护因子。

内在保护因子是指个体自身所具备的某些特质，能调节或缓和危机所带来的影响。比如人格因素中稳定性和内在倾向：积极性倾向、积极解决问题、生活乐观、寻求新奇性、信任他人，等等。外在保护因子是指个体所处的环境具有能够促进个体成功调适，并改善危机所带来的影响的因子。对于孩子而言，外在环境包含三个系统：家庭、学校与社会。家庭环境中的保护因子包括温暖的亲子关系，有感情且不会严苛批评，支持性，家庭凝聚力等。学校的保护因子有老师的支持，成功或快乐的积极经验，与老师同学的良好关系等。社会中的保护因子包括家庭以外的人际关系，如朋友等支持因素。

为什么激活内驱力要培养复原力？

人生总有波澜起伏，这是每个人都必经的过程。孩子也是如此，无论父母再怎么周全地保护，他都会遇到自己的难题和忧虑。生活中，我们会发现有些孩子，一次考试考砸了就一蹶不振，遇到一点困难就逃跑，而有些孩子没考好反而会更努力，争取下一次考好，遇到难题会迎难而上，找方法解决。孩子不同的表现，原因就是复原力的差别。

良好的复原力具体表现在，有比较强的耐受能力，能接受日常生活中的不确定性，遇到困难和压力时，依然坚持自己正确的原则和底线，并且相信"逆境中也可以改变未来"，拥有将生活压力转化为内在能量的能力。

如果孩子没有复原力，遇到挫折就停止前进，一次"掉坑"就一直爬不出来，自我怀疑，纠结于"为什么是我"，陷在自己的忧虑里长时间"疗伤"，内驱力就被深深地埋下去或者消耗掉了，无法发挥作用。

而复原力比较强的孩子，遇到挫折和困境，不会长时间停留在原地，他们会快速调整好状态，激发内驱力，校正自己的目标，继续向前。

所以，想要让孩子拥有持续且稳定的内驱力，需要关注和培养孩子的复原力。

复原力强的孩子是怎样的？

正如巴顿将军所说："衡量一个人成功的标志，不是看他登上顶峰的高度，而是看他跌入低谷时的反弹力。"

复原力，很多时候要在遭遇重大挫折或不幸后，才会表现出来。但是它的形成取决于如何看待并应对日常的困难和挫折。父母要注重培养孩子的复原力，那么当孩子遇到问题时，平时锻炼的复原力就会发挥作用，帮助孩子应对考验。

他们会表现出很强的心理承受能力，能够正确看待挫折和失败，充分接受现实，快速调整好自己的心态，用理性的态度面对困难和挫折，采取改善行动，找回自己的掌控感，最终解决当下的问题。

他们具备成长型思维，相信自己可以搞定当下的问题，也拥有化险为夷的勇气，并且擅长在难关中发挥自己的长处，激发自己的潜能，还会主动从家庭、朋友、学校和社会上寻找支持，帮助自己更快走出来。

他们也会在逆境里感到悲伤和愤怒，也需要释放压力，但不会任由自己沉溺，而是从中找到积极的意义，比如如何让自己变得更好，如何让世界变得更好，等等，这些将成为他人生最重要的内驱力。

在充满未知与挑战的人生道路上，拥有复原力的孩子可以走得更远。

不同性格色彩的孩子，如何培养复原力？

1. 黄色性格

黄色性格的孩子本身就拥有比较强的复原力，他们通常不达目的誓不罢休，在困难面前越挫越勇。如果你的孩子是黄色性格，那么你需要做的是保护他与生俱来的优势。在生活和学习中，你可以放手让他去体验、去冒险、去犯错，给予他足够的时间和空间去成长。作为父母，在身后陪伴他的每一次尝试，鼓励他的每一次挑战，庆祝他的每一次成功。孩子会在你的放手和陪伴下，拥有越来越强大的复原力和内驱力。

邓亚萍是我们熟知的优秀运动员，14 年运动生涯曾经获得 18 次世界冠军，退役后"转型"为"学霸"，先后就读清华大学、诺丁汉大学（硕士）和剑桥大学（博士）。

我们都知道，顶级冠军之争，胜负往往只在毫厘之间，选手实力不分伯仲，拼的是巨大压力下的心理韧性，也就是复原力。邓亚萍就是一个复原力极强的人，她在《心力》一书中指出：如果想赢，就不能把焦点放在结果上，而是要打好每一个球，要用训练时的心态去看待比赛，去执行训练的要求，最终拿到比赛的结果。

邓亚萍九岁时进入河南省乒乓球队，省队教练把她拎出来，对她爸爸说：孩子太矮了，没有培养前途，带回家吧。爸爸没有对女儿说："教练说你没前途，我也认为你没有前途。"也没有说："你看，你天生条件不好，就回去好好上学吧。"而是把选择权交给邓亚萍："教练说你没前途，你来决定，回去读书，还是继续打乒乓球？"即使那时候她才 9 岁。

邓亚萍选择继续打乒乓球，并开始了艰苦的训练。9 岁的她体重只有 60 斤，身上穿沙衣，腿上绑沙袋，每天负重 30 斤进行训练。她的衣服没有袖子，就是沙背心，因为胳膊要挥拍打球，每天就这样负重跑。刻苦训练带来的是赛场上的身轻如燕和对决后的胜利。

邓亚萍属于强烈的黄色性格，从来不服输，一定要证明自己能行。坚定的目标和决心，加上越挫越勇的坚持，不断增强的复原力，即使一次次被否定、一次次被拒绝，邓亚萍也从来没放弃，最终进入国家队，成为冠军。

优秀的父母，先相信再看见。如果你的孩子是黄色性格，就放心地将选择权交给孩子。他的内驱力会逐渐被激发，他能主动迎向困难，突破阻碍，达成目标。邓亚萍的爸爸将选择权交给女儿：如果你想练球，爸爸支持你。如果你决定放弃回去读书，爸爸也支持。这种全然地相信将黄色性格的邓亚萍的内驱力全部激发了出来。

想象一下，如果你站在邓亚萍爸爸的位置，当省队教练说孩子不行，让你领回家时，你还会相信孩子吗？会让孩子继续训练吗？会不会担心孩子继续训练会耽误学习，最后两边都没有收获，未来一事无成？在那样的情况下，任何父母都会有这些顾虑。即使在日常生活和学习中，父母也有操不完的心：如果不监督，孩子能管好自己不打游戏、不刷视频吗？如果不督促，孩子会认真学习吗？如果不检查，孩子能好好完成作业吗？这些想法背后是父母对孩子能力的不信任。孩子如果一直在父母的监督、催促、叮嘱之下，他的复原力会被破坏，内驱力也无法持续，他将失去目标，失去自主学习的能力，这对孩子而言是比遇上小失败更可怕的事情。

相信每一个父母都希望孩子未来能够在充满未知与挑战的人生道路上，走得更好，走得更远。所以从现在开始就要培养黄色性格孩子的复原力，把兴趣爱好的选择权、把学习的主动权都交还给孩子，帮助孩子将焦点放在每一天的练习当中，用心做好每一次作业，完成每一个任务。孩子会觉得自己是成长道路的主人，真正对自己负责，感受到自身的内驱力，从内而外地散发出自信的光芒。

黄色性格孩子的复原力是需要被保护的。如果复原力被破坏，孩子会怎样呢？

今年的夏令营中，有个叫晨晨的孩子，小学二年级，黄色性格，非常有内在力量。有一次他和大好几岁的孩子发生矛盾，上升到肢体冲突，但他表现得很勇敢，不仅一点不怕，甚至有一股不赢不罢休的狠劲儿，最后也没有吃亏。

但晨晨这么强的能量，却没有被用在正向的事情上，反而用来发泄负面情绪，要求所有人所有事都要无条件满足他。比如用水杯喝水磕到牙，他就把水杯砸到地上，用力踢杯子；过马路看到红灯，他就赖到地上不起来，闹着说为什么是红灯，为什么要等……很像是我们常说的"熊孩子"，这背后的原因就是孩子的复原力被破坏了。

　　我和晨晨妈妈聊了很久，发现她和先生在孩子幼年时期，没能很好地陪伴孩子、教育孩子，导致孩子缺乏安全感，复原力被破坏。所以晨晨到了二年级，心智水平还停留在幼儿园的阶段。由于缺乏安全感，晨晨时刻在寻求身边人的关注，一旦没有得到满足，他的情绪就很容易被触发，一点小事都能爆发。而且他的复原力不足，负面情绪持续时间长、破坏力强。好在晨晨年龄还比较小，对妈妈比较依恋，重建安全感和复原力都来得及。

　　夏令营结束后，我为晨晨妈妈进行了一对一辅导，告诉她如何重新帮孩子建立安全感，树立起规则和界限感，修复复原力。晨晨妈妈把学到的方法应用在日常，对晨晨坚持原则底线，在孩子情绪爆发时，全然温柔地包容。经过一段时间的努力，孩子的情绪逐渐趋于稳定，走出负面情绪的时间缩短了很多，专注力也逐步提升。

　　黄色性格孩子的复原力一旦被破坏，他的情绪会非常不稳定，自身强大的力量很可能变成破坏力。父母需要花费大量的时间和精力，来应对孩子的负面情绪，帮他把注意力从寻求外界关注、与外界对抗中收回，聚焦于自身和自己的目标，重建安全感，重塑复原力。

2. 蓝色性格的孩子

　　四种性格中，蓝色性格的孩子遇到挫折后的恢复周期最长。当遇到挫折时，他要先捋清楚这件事是怎么发生的，过程是怎样的，为什么会有这样的结果，也就是在思维层面，要过了理性这一关。接下来，他还要释放自己的情绪，才算真正迈过这一次挫折。这个复原的过程，因为他的性格比较严谨，难以被说服，情绪释放速度慢，周期被拉得很长。其他孩子可能早就忘在脑后了，他还记着，还没过去。

所以，当蓝色性格的孩子遇到不顺的时候，父母要有足够的耐心，给孩子时间和空间，让他去思索、去释放。父母在孩子身后，注意他的状态，给予适当的引导，让他自主表达，充分理解和尊重他的想法。父母还可以通过体验的方式，让孩子看见自己的想法对的好的一面，以及不准确的一面，打破孩子内在的负面和虚构想象。

因为吸收得多，释放得慢，所以蓝色性格孩子一旦出现问题，可能都是长期积累的爆发，往往比较严重。父母需要更注重与孩子心灵的互动、精神的交流，放手让他发展自己的兴趣爱好，比如长期坚持喜欢的运动，等等，这些都能帮助孩子释放情绪，平衡身心发展。如果父母忽视了对孩子复原力的培养和训练，孩子没有学会如何正确面对逆境，将可能影响未来的发展。

琪琪是一位高二的女生，找我做咨询的时候，已经持续失眠半年多，每天入睡困难，即使睡着了两三个小时就会醒，一直睁眼到天亮。她因为性格内敛，不敢找人倾诉，在学校住宿倍感煎熬；学校离家比较远，走读又太折腾，所以琪琪上学的问题让一家人非常苦恼，她正处在高中的关键阶段，当前的这个状态让家人左右为难。

咨询过程中，我了解到琪琪是典型的蓝色性格，内敛封闭，不喜欢分享，习惯将自己生活和学习中的负面情绪埋在心底，在高中极大的学习压力下长期积累，造成了沉重的心理负担。某某同学无意间说了她什么……某次测试时很多题不会，能否及格……以至于每次回家，父母和她说话的时候，她都表现得很烦躁……

她把每一件事都埋藏在心底，时不时，翻来覆去地思量，却从来不向身边的人，包括父母、老师、同学、朋友，表达自己内心真实的想法。

这种性格的孩子，容易吸收他人负面的情绪和评价，你夸她，她会质疑你带什么目的；你否定她，她会牢牢地记住，但又不会向外表达，把感受压抑在内心，加上激烈的学业竞争、繁重的学习任务，让琪琪不堪重负。

在一次咨询中，我引导她进行情绪释放，她说："老师，我从小到大，从来没有这样痛哭流涕过，我父母都没见过我这个样子。原来把心里的想法说出来，把情绪释放出来是这么轻松舒服的感受啊。"

蓝色性格的孩子复原比较慢，所以我在和她的咨询互动中，每次只找一个点帮她梳理。哪一件事情在她内心还有情绪的印痕，还有心理的创伤，就把它找出来，一件件沟通分析，让她纾解情绪，逐渐疗愈。同时，我让她在睡前养成一个习惯，用几分钟的时间，发挥她蓝色性格的优势，将自己的情绪用日记的形式记录下来。一年多的时间，琪琪逐渐养成了用写作来表达内心情绪和情感的习惯，每天与自己内心对话，觉察自己的情绪，逐渐从自己的负面情绪中走了出来。现在的她，作息规律、身心健康、睡眠充足；良好的精神状态，让她更从容地面对高中学业，并且让她蓝色性格中专注、踏实、严谨的优势充分发挥出来。

3. 红色性格的孩子

红色性格的孩子情绪来得快，去得快，弹性比较大，复原速度比较快。他容易出现的问题是在同一件事上反复受挫、反复复原，起起落落。如果孩子一直体验重复的失败，会产生挫败感，觉得这件事自己永远做不到，自己就是失败的。

所以，培养红色性格孩子的复原力，父母需要特别关注这种情况，要及时了解孩子在什么事情上受挫了，受挫的原因是什么，他做了哪些努力。下一次出现同样的情况，父母要看到孩子取得的进步，这次与上次比有什么不同，对他做到的事情和付出的努力给予充分的肯定，也帮他分析没有做到的原因，接下来该怎么做。反反复复的过程，很容易让人感到绝望，所以父母要看到孩子的努力和进步，也让孩子看到自己虽然在经历反复的失败，但还是有进步，这种进步是螺旋式上升的。看到进步，红色性格的孩子才能够建立信心，拥有满满的动力，迎接下一次的挑战。

冬冬，15岁的男生，就是这样一个孩子，典型红色性格，热情洋溢、自信满满。初三时，一路顺遂的他，接连感受到三重压力：第一重是学业压力，中考冲刺阶段，成绩成为最高标准；第二重是社交压力，和好朋友发生冲突，受到很大伤害，这让"社交小达人"感到挫败；第三重是环境压力，初三关键时期，整体氛围比较紧张，觉得学校和老师都不顾及学生感受，他自己对老师也有意见。他感觉自己喘不过气来，陷入了和学校、老师的对立情绪中，拒绝再去学校。于是他父母找到我，进行了整个家庭的一对一辅导。

冬冬一开始不愿意配合，到后来变得很主动。每次陷入情绪低谷的时候，他都会主动来做咨询。咨询进行时，他也愿意打开自己的内心，按照我的指引，尽情释放自己的情绪，全然敞开地表达。情绪表达完之后，他就好像从低谷跳出来，整个人都放松了，恢复了热情和精气神，干劲满满地走出咨询室。可是过一段时间，他又会低落地来找我，告诉我发生了让他难受的事情，讲述事情的经过，释放自己的情绪，卸下情绪负担。再次走出咨询室的时候，又一次能量满格、干劲十足。

表面上看，这个过程是一个不断重复的过程，起起伏伏，来回波动。其实冬冬本身的抗压能力以及从负面情绪中走出来的速度，都在提升，他承受压力的阈值越来越高。持续一年多的咨询，他从一开始态度坚决，宣称"我死都不会再回到学校，我就要在家里躺平，这辈子做一个啃老族"，到逐渐看到父母的付出，开始承担家务，学着照顾自己，学习独立自主。他也开始思考人生的意义是什么，思考自己想要什么，思考这一生想要过怎样的生活，思考如何养活自己……

后来，他愿意回到学校，继续学习，父母为他选择了一个教学环境宽松的国际学校。在新学校读了一个多月后，重新燃起斗志，主动要求从哪里跌倒就从哪里站起来，重新回到原来的公立学校，备战中考。

红色性格的孩子容易有比较大的情绪波动起伏，容易振奋，也容易低落。如果你家有红色性格的孩子，首先是要先了解孩子的性格，知道他的状态和情绪会出现多次起伏波动，这种波动甚至可能会持续很长时间。相信这种波动整体趋势是向好的方向发展的，孩子会持续进步。然后帮助他，从每一次低谷中走出来重新振作，把负向情绪转化为满满能量。孩子会在一次次的经历中，增强自身的复原力，启动强大的内驱力，变得越来越优秀。

4. 绿色性格的孩子

绿色性格的孩子比较"佛系"，接纳度和包容度比较高。

他们有比较强的自我控制能力，不太会受到周边环境的影响。面对困难和挫折，他们可能不会表现出强烈的情绪，会更专注如何去解决。所以他们的复原力是比较强的。

但是绿色性格的孩子弱点在于不爱表达，心事往往不外露，有时候被问题困住了，也不会求助。所以父母在给孩子独立思考解决问题的空间时，也需要引导孩子多表达想法，提出自己的需求，建立自己的主见。

培养专注力，为孩子打造内驱力生产线

专注力是什么?

专注力，是认知活动的动力功能。认知活动包括听知觉、视知觉、记忆、思维、想象、执行、反馈等活动。认知活动得以顺利开展的推动力正是专注力。

简单来说，专注力就是我们将注意力聚焦在某个事情上的能力。

我们常常会混淆专注力和注意力的概念。注意力是一个广义的心理学概念，主要是判断一个人对一件事的分散程度，不全是专注力，还包括警觉性，等等。而专注力则是特指人们有

选择地专注于某些事情或信息，同时忽略其他信息的控制能力。衡量专注力的一个重要标准在于持续度，也就是持续时间长短，而这种持续度是可以后天培养的。

如果孩子专注在一件事情上，就会有很高的效率，即用最短的时间和最少的精力投入，获得最大的成果。相反，如果做事三心二意，即使花费了大量时间和精力，也没有收获。

为什么激活内驱力要培养专注力？

孩子在学业上要有所成就，成人在工作上要有所收获，都需要具备专注力。只有在专注的状态下，大脑才会集中有序地工作，我们会感受到做一件事情所产生的充实感与成就感，进而产生要继续做这件事的欲望，也就是内驱力，收获更多的成就。专注做事的时候，我们会进入一种成功效应的正向循环，也就是拥有持续的内在驱动力。

所以，内驱力是专注力的作用原点，专注力是内驱力持续投入的具体表现。

一个拥有专注力的孩子，经常沉浸在自己的世界中，他是心神合一的状态。在这种状态下，孩子才能真正享受做事的过程。比如，喜欢音乐的孩子，会沉浸在音乐所带来的心流体验中，喜欢美术的孩子会沉浸在画画时的宁静里……

而一个人拥有持续的内驱力，一定是因为他专注做一件事，并且在做的过程中感受到了意义，而不只是追求结果的意义，结果只是一瞬间的事情，它所带来的满足感也是非常短暂的。

专注力强的孩子是怎样的？

专注力在哪里，成果就在哪里。

专注力强的孩子能够把注意力集中于某件事情，即便是在很嘈杂的环境中，仍然能够坚持自己要做的事情，不被外界的声音打扰，专心致志地处理目标对象。

成长过程中，他们能将注意力集中于学习，快速进入学习状态，耐得住性子认真面对学习，能从学习中收获结果，获得成就感。沉浸式学习，能让他们爱上学习，不断激发学习的内驱力，更自律自主，遇到困难也会主动探索，寻求解决问题的办法。

他们能够专心于自己眼前所做的事情、所面对的人。比如和人交谈时，他们会专注倾听，并且认真记住，表现出更好的亲和力，这会让他们在朋友中更受欢迎。

他们会在兴趣的推动下，选择自己喜欢的事情，并深入地探索和钻研。做事思路清晰，有条理，做事之前就能确定目标和计划，专注投入，获得想要的结果。

不同性格色彩的孩子，如何培养专注力？

1. 黄色性格的孩子

黄色性格的孩子以目标为导向，为了达成自己的目标，会专注、努力。但他可能会过于专注目标，忽视过程。一旦结果不尽如人意，就会备受打击。所以父母可以引导黄色性格的孩子看到自己在过程中努力专注的样子，更多地体验过程中的成就感，比如在孩子有进步和提升时，及时告诉他。父母带领孩子察觉自己每一次进步，让孩子在关注目标的同时，也能够享受当下的快乐。

前几天，我的一位朋友和我分享了发生在她家孩子身上的一件小事。去年临近圣诞节，他们一家去酒店吃饭，当时有一位非常厉害的钢琴大师在酒店大堂进行演奏。孩子虽然学习钢琴多年，但一直是被父母逼着练习，主动性和专注度都不够。

钢琴大师演奏的曲子正是孩子当时练习的曲目之一，孩子听得入迷，觉得大师弹得太好了，自己也被激起了练琴的冲动，手指不安分地动了起来。她和妈妈说："大师弹得实在是太棒了太好听了，我今晚回去，要把这首曲子练习八遍。"妈妈以为孩子也就是说说而已，并没有当回事。结果晚上回家以后，孩子坐到了钢琴前，认认真真地将曲子练习了八遍。

孩子具有明显的黄色性格以目标为导向的特点。当她看到想要的结果后，行动可以立刻产生，这个时候，作为父母要充分肯定孩子的主动性、意愿度和执行力。说到做到，说要练习八遍，就兑现承诺认真练习八遍，父母要给予孩子充分的肯定和认可。

妈妈可以这么对孩子说："妈妈今天很开心，看见了一个有目标、有行动力、专注投入的你。妈妈看见你认真听大师弹奏这首曲子，激发了练好钢琴的内在渴望，主动承诺要练习钢琴，回家后认真地练习了八遍，兑现了自己的承诺，妈妈要为你点赞。妈妈看到你有强烈的目标感，以及为了自己的目标专注投入的状态，妈妈觉得这样的你太棒了。妈妈还看到你身上有一种精神，只要是你想做的事情，你都能非常认真和投入地做到，而且做得这么好，妈妈为你骄傲。"

这样的互动，能够给黄色性格的孩子内心注入能量，让他感受到被鼓舞、被激励，拥有更强的内驱力，继续行动。他体验了快乐的过程，获得了想要的结果，会自主地设定下一个目标，加强重复的训练。作为父母，我们永远是孩子的啦啦队，只要有一个瞬间，孩子有进步、在坚持、专注投入，就要给孩子加油鼓劲。一次次放大孩子的天赋特质，孩子会在肯定和认可中，拥有稳定的内驱力，面对困难也能坚持投入，施展自身的能力。

黄色性格的孩子如果拥有良好的专注力，会产生"核聚变"般的效果。

小景就是这么一个专注力很强的黄色性格孩子，但是这份专注力的培养也经历了一些波折。在夏令营的心理课堂上，小景分享了自己的经历。她说，小时候成绩不太好，被爸爸妈妈拿着衣架追着打，但是当时心里没有害怕，只有一个想法：以后一定要考好，再也不让爸妈有理由打她。

如此要强的孩子，进入五年级后，也和妈妈产生强烈的对抗。只要妈妈管她，她就会不可抑制地烦躁，逐渐地敷衍学习，沉迷手机。妈妈非常着急，将孩子送来夏令营时，和我说了很多母女之间的对抗事例，希望我能帮孩子进行调整。

可是在夏令营里，小景的表现让我和老师都大为震惊。课程中，我们设置了专注力的番茄钟训练。小景在这个训练中表现出自己要强的性格特质，全身心投入每个番茄钟，非常专注。她打破了很多夏令营的纪录，比如两个番茄钟的时间（35分钟），完成17页暑假作业，正确率非常高。并且在下一次训练的时候，她会主动调整和优化目标，在每一次复盘和心理课堂上积极踊跃发言。作为老师，我们都感叹，夏令营里来了一个学霸，有目标感、有专注力、理解力强、积极主动。

夏令营结束，小景回家后，她的妈妈给我留言反馈说，孩子改变了很多，甚至比她这个妈妈成长更快，会主动表达自己的感受，分享自己的收获。小景妈妈还说，孩子告诉她，自己在夏令营里感受到了满满的信任和爱，情绪是愉悦的，内心很平和，能够心无旁骛地将事情做到最好。但是在家里，无论做什么，似乎都会被批评被否定，于是自暴自弃，做不好那就不做了。

小景妈妈一方面欣喜于孩子的转变，一方面开始反思自己：为什么孩子在夏令营和在家的表现完全不一样？夏令营是如何教孩子的？自己是否可以学习？后来她决定沉下心来学习，加入养心父母训练营，读懂小景的性格特点、具体表现、心理需求，并将我所教的方法马上实践，用柔软的方式和孩子相处，表达对她的欣赏，把主动权交还给她，陪她进行专注力的训练挑战。小景和妈妈一起设置了专注力挑战闯关，从专注15分钟到20分钟到25分钟，不断升级。这种亲子相处方式和互动方式，小景非常喜欢，感觉自己被信任被欣赏，越来越积极主动。

2. 蓝色性格的孩子

蓝色性格的孩子是最容易进入持续专注状态的。但他往往会因为遭遇挫折，或接收到他人的负向评价，而陷入负面情绪中，从而受到干扰，让专注力无法持续发挥作用。所以蓝色性格孩子的专注力不需要刻意培养，而是需要用心保护。

如果你家的蓝色性格孩子喜欢上一个玩具，他可能会钻研很久：玩具如何玩，有没有特别的玩法，原理是什么，里面的结构是怎样的……在这个过程中，父母要做的是不去打扰孩子，尽可能支持他的自主探索。同时父母可以鼓励孩子的探索，认可他的发现和进步。当他觉得自己被认可被肯定时，就会拥有强烈的安全感和信心，从而会更积极主动地探索，内驱力将持续稳定地发挥作用。

3. 红色性格的孩子

如果专注力是一门课程，红色性格孩子的成绩可能都不太理想。因为红色性格孩子的专注力很容易摇摆，他们拥有旺盛的好奇心，大脑一直在寻找新鲜刺激，随时会被新鲜事物所吸引，下一刻兴趣点可能又转移到另一个更新鲜的事物上。他们不喜欢重复，如果长时间沉浸在一件事情中，他们会觉得很无聊，甚至感到痛苦，并采取行动摆脱当前的状态。

对于红色性格的孩子，父母培养孩子专注力的重点在于持续激励他，推动他的行动，让他在行动中找到持续做一件事情的成就感。

比如写作业，红色性格的孩子在一开始每完成一道题可能会很开心。过了开始阶段，他就会觉得无聊，无法专注，转而寻找其他的新鲜事物。父母可以让他先选择一个相对简单的任务来完成。当任务完成后，他会收获一份成就感，这能激励他继续完成下一个任务。下一个任务可以安排得稍微难一些，完成后他会收获更强烈的成就感。通过游戏闯关的方式，孩子更容易专注地投入到当下正在进行的任务中，不会被无聊情绪和其他新鲜刺激的事物所带跑。

一个红色性格的孩子一旦具备了持续专注的能力，就可以在一件事情上探索扎根，他就同时具备了创造力、冲劲、持续专注力、稳定内驱力，今后无论做什么事情，都非常容易取得成果。

红色性格的盛盛，在小升初的过渡阶段，出现了适应性障碍，她父母找到我进行咨询。活泼开朗的盛盛生活在一个快乐和谐的小家庭，父母恩爱，姐妹友爱，家人亲密，家庭关系和睦。盛盛在小学里过得很开心，她喜欢交朋友，喜欢户外运动，经常呼朋唤友一起玩。进入初中后，盛盛变了很多，脾气暴躁，动不动就对妹妹吼，经常一下子就嚎啕大哭。

咨询中，我和盛盛聊过后发现，孩子比较适应小学的生活学习节奏，原因在于她有充裕的时间做自己喜欢的事情。可是进入初中后，学业压力陡增，学习节奏变得十分紧张。她说自己每天6点多起床，开始准备上学，在学校关一天之后，好不容易回到家，又要做三四个小时的作业，很多时候要12点才能入睡。即使是到了周末，也因为平时消耗太多，不想出门，只想补觉。她说完全没时间做自己想做的事情，这样的日子感觉太痛苦了，生活看不到希望。每天学习、写作业，她感觉不到任何新鲜感，厌恶这样的重复，却又不知道如何改变，所以通过情绪的发泄，来纾解自己的痛苦。

了解原因后，我一边引导她认识自己的情绪，学会自己找到减压的时间，一边让她父母了解盛盛的性格特点，面临的情况，以及问题持续的后果，讨论解决方案。她父母和学校老师进行沟通，减小了作业压力，让盛盛能够游刃有余地完成作业，并且允许她将多余的时间和精力用来做自己想做的事情。

盛盛的咨询见效很快。她很快调整过来，在课堂上更加专注，学习效率更高，用更少的时间获得了更好的效果。同时她整个人身心轻松了，笑容变多了，学习成绩也提高了。这个过程也让盛盛产生了稳定的内驱力，在内驱力的推动下，她更积极地面对学业的压力，解决遇到的难题。

一个红色性格的孩子，如果具备了极强的专注力，会发生什么呢？来看看昊昊的案例。

昊昊，一个红色性格的孩子，父母非常注重孩子的教育。在孩子很小的时候，父母就很尊重他的感受，凡事都会问他的意见，做决定也会提前商量。所以在昊昊身上看不出红色性格情绪波动大的特质，他的情绪非常平稳，能够很好地察觉并管理自己的情绪。

温和的表象，并不能掩盖红色性格孩子热情、活泼，喜欢新鲜刺激的性格。在团队活动中，昊昊总是充满力量，充满感染力，非常受欢迎。

昊昊父母将他送到我们的夏令营，是希望更大程度激发孩子的潜力，也非常希望孩子能够拥有更强的专注力。在番茄钟训练环节，我仔细观察了昊昊的表现，发现孩子其实已经有不错的专注力，一开始就会主动做到全情投入。在训练过程中，他会不断复盘反思，比如第一次番茄挑战，他给自己定了一个很高的目标：25 分钟完成 14 页数学题。番茄钟开始计时，昊昊就集中精神奋笔疾书，大脑、眼睛、手都飞速运转，表情非常严肃，牙关紧咬。番茄钟计时进行到一半时，昊昊额头上甚至冒出了细细的汗珠。

挑战结束，他完成了 12 页半数学题，非常不错。我问他的感受，他说："老师，我发现定目标需要量力而为，不然会消耗过度。下一次定目标我要从自己的实际能力出发，不过我相信自己会一次比一次厉害。"就这样一次次复盘优化，昊昊在夏令营结束时完全掌握了番茄钟训练法。昊昊父母反馈时说，孩子回家后会主动进行训练，专注力越来越强。

拥有专注力的红色性格孩子，注意力能够高度集中，又能灵活调整，学习的时候能好好学，玩的时候能好好玩，这能让孩子的内在潜能得到充分发挥。

4. 绿色性格的孩子

绿色性格的孩子比较随性，因此目标感不强，内驱力比较弱，不清楚自己到底要什么，对他来说"我学也行，不学也行"。对于绿色性格的孩子，父母要多给孩子塑造价值，告诉孩子他所做的事情是有意义的，爸爸妈妈很认可并为他骄傲。当孩子感受到自己所做的事情的意义时，就能建立自信心，主动专注地做事，内驱力被激发并稳定下来。

培养绿色性格孩子的专注力，需要注意提升孩子的抗干扰能力。因为他往往容易被身边的诱惑所吸引，导致事情拖延或无法完成。比如做作业，他看起来是坐在那里认真做作业，大部分时间却都在玩东西或者左顾右盼。父母需要有意识地对孩子进行训练。

这种情况，想要训练孩子的专注力，可以用番茄钟法。比如，以完成作业为例，先估算一个完成作业所需时间，然后定一个符合他年龄的时间，一般 15 ～ 25 分钟为一个番茄钟。和孩子约定好，一个番茄钟的时间内，专注做作业，时间一到，就可以停下来休息 5 分钟，再进入下一个番茄钟。如果孩子本身的专注时间比较短，可以将时间定为 15 分钟或 10 分钟，让孩子建立一段时间内完全投入的意识。然后慢慢延长时间，逐步训练孩子的专注力，让专注时间越来越长。

铭铭，就是一个"逆来顺受"的绿色性格孩子。妈妈是一个大型企业的中层管理人员，工作风格严谨认真，她也将这种风格带到了对孩子的教育和管理上，孩子从小到大什么都要听妈妈的。

从他上小学开始，妈妈就会花大量的时间陪他写作业，或者说"盯"着他写作业。从小学一年级一直到四年级，妈妈发现使用"紧迫盯人"策略，孩子写作业的速度和正确率非但没有提高，反而越来越糟糕，专注力也越来越差。到孩子四年级下学期，他坐在那里写作业，可以摊开作业本几个小时都不会提笔。和小伙伴在一起时，其他人都开开心心地玩，只有他坐在一边无动于衷，小小年纪却像个小老头，失去了精气神。

妈妈找到我希望能帮助孩子提高写作业的效率，提升专注力。了解情况后，我告诉铭铭妈妈，想要重塑孩子的专注力，需要重新建立他的自信，这会是一个漫长的过程，家长需要付出更多的耐心和陪伴。

我们对妈妈和铭铭进行了一年多、每周一次的辅导，母子俩都发生了很大的转变。首先，妈妈从一个裁判员变成了啦啦队，以前天天盯着孩子做得好不好，做到了没有，恨不能用绩效考评、KPI指标来给孩子打分。现在每天带着发现的眼睛，去找孩子的亮点，孩子又做到了什么，哪里比以前做得好了一些，不断地肯定他。她还把自己定位为孩子的好朋友，了解孩子喜欢什么爱好什么，陪他玩喜欢的玩具、游戏。渐渐地，铭铭恢复了一个十来岁孩子应有的状态。

妈妈也改变了挑孩子毛病的习惯，把关注点放回自己的身上，为自己的情绪负责，改变自己的状态。当孩子没有力量写作业时，妈妈会反思：是不是自己过去给孩子太多的否定和打压？要用什么样的沟通方式来激励他？怎么做能够让他充满能量？当她改变沟通方式后，慢慢打开了孩子的心门，听到孩子说自己非常不喜欢学习，不喜欢做作业，她意识到孩子上小学之后，给到他的一直是负面体验。于是，她真诚地和孩子道歉，承认自己的错误，向孩子保证将积极改变沟通和陪伴方式。

铭铭从一个"小老头"恢复为能量满满的元气少年。学习上，他越来越自律，即使是在家上网课，也能安排好自己一天的时间，什么时候上课，什么时候运动，什么时候游戏，一天安排得清清楚楚。社交方面，也越来越展现出绿色性格的天赋，不管男生女生，比他大还是比他小，成绩好还是成绩差，在小学还是进入初中，他都能很快和身边的小伙伴打成一片，并且交到志同道合的朋友。妈妈也从一个求助者成长为一个家庭教育咨询师，收获了许多好评。

总结一下，我们要培养孩子的内驱力，首先要和孩子建立亲密有间、和谐有爱的亲子关系，同时要了解孩子属于哪一种性格，有怎样的特点，还要了解自己的性格，然后基于双方的性格特质，找出亲子互动最理想的状态。父母要用恰当的方式，培养孩子的情绪力、复原力和专注力，帮孩子建立稳定的内在，让孩子拥有源源不断、指向外在目标的内驱力，不停地向外探索，创造结果。

第五章

有效沟通，
提升孩子的
内驱力

前面我们讲到了培养孩子内驱力的关键"三力":情绪力、复原力和专注力。"三力"要发挥作用,真正激发孩子的内驱力并持续稳定,还需要一个桥梁,这个桥梁就是沟通。这一章,我将详细拆解亲子沟通方法,并分析众多案例,告诉你如何说话,孩子更容易听得进去,更愿意开始行动。

好的沟通,帮你赢得孩子的心

想要唤醒孩子的内驱力,就需要帮助孩子获得强大的内心能量。内心强大的孩子,身体里仿佛有一个"永动机",内驱力会源源不断地流淌出来,成为孩子成长的动能。

该如何帮助孩子拥有这个"永动机"呢?需要搭建一座名为"沟通"的桥梁,这座桥梁建在我们和孩子的心上,将我们的支持、认可、激励和能量都传递给孩子,给予他适当的教育,陪伴并引导他锻炼情绪力、复原力、专注力,建立自信。

会沟通的父母对孩子的问题往往可以做到防患于未然,他们能迅速发现问题的苗头,在问题尚未发酵的时候,就主动和孩子一起解决。而不会沟通的父母,则经常站在孩子的对立面,对问题视而不见,用错误的沟通方式,将孩子越推越远。孩子很可能产生逆反心理,为了反抗而反抗,父母说东他一定往西，亲子关系掉入情绪内耗的"陷阱"里，导致问题发展到难以收拾的局面。

错误沟通，让你与孩子背道而驰

我们都认可，沟通是影响家庭关系和谐的关键因素之一。但是我们会发现很多人在外面和他人沟通很好，回到家反倒不会沟通了。原因在于，越亲密的人，说话越随便。我们对家人的要求会变高，"每天一起生活，你一定是最了解我的"。但我们对自己的要求会变低，"在外说话小心翼翼，回家放松一下随意一点"。所以，很多时候家人之间的沟通变成了"刀子嘴豆腐心"，只顾着一吐为快，结果互相伤害。

父母和孩子的沟通也常常如此。有时候，父母对自己说要平心静气地和孩子沟通，但一看到孩子看电视、玩游戏，又控制不住批评教育孩子；有时候，父母也觉得自己有些严格，看到孩子最近表现不错，想表扬孩子，但孩子稍有拖拉，脱口而出话就变成："你看看别人家的孩子"；还有的时候，父母明明想和孩子好好商量，让他能自主独立完成自己的事情，却又不放心时时查看，如果孩子没有按自己期望的做，马上说："你应该如何如何做，听我的，家里我说了算"……

相信父母的本意都是为了孩子好，希望他少犯错少受挫，但总是词不达意，将很多负面的话语传递给了孩子。这样的沟通，孩子内心感觉自己不被认可，没有人关心了解自己，或者感觉自己被父母控制，只能按照父母的意愿成长，又或者感觉自己很无能，产生自我贬低的消极情绪。长此以往，孩子会丧失勇气、失去信心、耗尽内驱力，关闭自己的心门，不再与父母沟通。亲子之间仿佛两列背道而驰列车，距离越来越远。

沟通有方，让你与孩子心灵相通

沟通是一种互动，一种态度，更是一种习惯。从孩子出生，父母开始与孩子互动，就要逐步建立和孩子沟通的态度，慢慢养成和孩子沟通的习惯。而父母是孩子的第一任老师，孩子的沟通方式、态度、习惯，大都也是从父母身上习得的。沟通这座"桥梁"，需要父母主动搭建，从你的心上一直修建到孩子的心上，让亲子的心灵相通。

好的亲子沟通是一种良性的双向互动，当你在与孩子的沟通中，用耳朵认真听，用眼睛细细观察，用大脑理性思考，用心真诚体会，向他表达自己的爱和理解、信任，不以评判的态度去看他的世界，孩子也会将这些都回馈给你，你们之间会产生心与心的联结。

当你全然接纳孩子，认可他的习惯爱好、兴趣选择——即使这些在你看来有些特立独行时，告诉他你的感受，也告诉他你的接纳，他也会将他的感受和收获分享给你，你们的沟通自然顺畅。

当你尊重孩子，在沟通中允许他表达自己的想法，意见不同的时候可以开放讨论，也将选择权交给他时，他会为了自己的选择，积极行动，实现自己的承诺。当他遇到了事情，有自己的想法，或者犹豫不决时，他会愿意告诉你，因为他知道你尊重他，能给予他正确的建议，也会将自主权留给他。

当你全力支持孩子，在沟通中不断给予孩子肯定和鼓励时，他会感觉自己有后盾，失败了还可以再来，变得更有自信迎接挑战。因为他知道你不会评判、不会否定，而是会告诉他怎么做，和他一起面对失败和挑战。

具备同理心，真正理解孩子

同理心，是展开亲子对话的第一步。良好有效的亲子沟通，首先需要父母运用同理心理解孩子，在正确的沟通立场上和孩子对话。如果一开始父母就选择了错误的沟通立场，无法理解孩子的感受，那么无论父母说什么、做什么，孩子可能都不会听，父母能做的就会减少，能发挥的影响力更小。可以说，立场不对，努力白费。

这一节，我将分析沟通的三种错误立场，以及正确立场，通过解读案例的方式告诉大家它们是如何发挥作用，如何影响你和孩子之间的关系，影响事情的发展和走向的。

站错立场，将孩子推给问题

立场是一个人认识和处理问题时，所站的位置和持有的态度。在沟通中，立场对我们看问题、想事情的思路，说什么内容，如何理解对方的表达，都有非常大的影响。

亲子沟通中，父母很容易将自己和孩子设定为管理者和被管理者，于是父母有父母的立场，孩子有孩子的立场，同一件事情，不同的立场，双方互不相让。而孩子处于弱势，往往会被动服从，最后为了表示抗议而关闭沟通渠道。

如果父母长期站在孩子的对立面，渐渐地会发现自己做任何事，说任何话，孩子都视若无睹。即使父母下大力气学习沟通技巧，改变沟通方式，但是只要立场没变，所有沟通都不会起作用，甚至可能会起反效果。

1. 把孩子和问题绑在一起

和孩子沟通时，很多父母下意识地认为孩子所有的表现都是孩子的问题：成绩不好，是孩子没有认真学习；写作业拖拉，是孩子散漫；玩游戏，是孩子贪玩；被老师批评，是孩子犯错；和朋友或兄弟姐妹吵架，是孩子不友善；和爸妈顶嘴，是孩子不尊重父母；爱哭爱生气，是孩子性格不好……

总之，一切都是孩子的问题。很多父母会着急解决问题，并不是探寻问题背后真正的原因。这就是把孩子和问题绑在一起，把孩子推向问题，站在了孩子的对立面。

所以，很多父母在孩子遇到问题或犯下错误的时候，不是第一时间给孩子支持和理解，而是居高临下地批评孩子、教育孩子、纠正孩子。年幼的孩子不得不服从，但孩子一旦长大，自我意识增强，便会使出全力挣脱父母的控制，甚至为反抗而反抗。

2. 父母包揽所有的问题

有的父母则是将所有问题揽到自己身上，认为孩子没有问题，都是自己的问题。于是，孩子一哭二闹，父母就马上妥协，按孩子的要求做；作业不会做，父母帮着解答；孩子在前面扔东西，父母在后面一点点收拾；孩子一犯错，父母就急着替孩子辩解开脱……

爱孩子，能帮助孩子成长；但溺爱孩子，会严重阻碍孩子的发展。孩子小的时候，父母担起了保护的责任，一路上为孩子撑起"保护伞"，习惯了包办。但随着孩子年龄的增长，溺爱会让亲子之间失去边界感，孩子依赖父母，学不会担当，于是理所当然地将责任外推。因为万事不操心，都有父母搞定，孩子会失去对学习的兴趣，他觉得自己不被信任，也没有能力做事情，于是放弃挑战，遇到困难直接逃避，也就无法从生活和学习中获得成就感、价值感和意义感。

在这种亲子关系中，父母会觉得压力越来越沉重，孩子会觉得自己越来越无力，双双身陷问题的泥潭，无法自拔，无法前进。

3. 把人和问题分开

在一些亲子沟通中，父母会出现明显的逃避行为，他们会把人和问题分开，认为"我是我，孩子是孩子，问题是问题"，典型表现是逃避问题，更不会采取行动解决问题。比如当孩子提出问题和抗议时，父母认为孩子小题大做，不当一回事，改变话题，搁置争议。

家人是我们最亲密的人，家庭里的问题，无法逃避。而父母的立场和行事方式，孩子都看在眼里，他会有样学样。父母一味逃避，孩子会越来越压抑或缺乏自信；父母不面对问题解决问题，孩子也不会去面对问题解决问题；父母逃避冲突，孩子也会逐渐害怕冲突。孩子可能已经带着问题走得越来越远。

站对立场，和孩子共同解决问题

如果将孩子的成长比喻为一场升级打怪的英雄之旅，身为父母，你要做的首先是和孩子统一战线，陪他一起升级打怪，成为孩子的神助攻。在亲子沟通中，父母正确的立场是和孩子站在一起，面对并解决问题。

身为父母的我们要真正和孩子站在一起，成为孩子的同盟军、啦啦队，而不是裁判官或观众。我们要和孩子站在一起，面对学习、面对老师、面对挫折、面对挑战、面对选择、面对成长的方方面面。

我们要相信孩子，相信孩子身体里有满满的能量、强大的内驱力，他能够担起成长的责任，走好自己的人生之路。我们作为一个经验更丰富的伙伴，在他身边时时和他分享，与他讨论，帮他寻找问题的解决方案。

我们也需要承担自己的责任，正视自己的问题，处理好自己的情绪，而不是归咎于孩子。过去的沟通模式也许会积累一些遗留问题，导致当我们表示愿意和孩子站在一起的时候，孩子无法信任我们，表现出抗拒，甚至"变本加厉"，请保持耐心，持续去做，直到孩子真正相信我们和他是站在一起的。这时候，孩子会拥有归属感，会敞开心扉，会重建内在力量。

案例拆解

面对孩子们不同的情况，父母该如何在沟通中避免错误立场，又该如何向孩子表达自己的正确立场，让孩子看到呢？

接下来，我将为你解析一系列案例，这些案例都是我所服务的真实案例，每个案例都能为你从不同角度分析错误立场给亲子沟通带来的阻碍、对孩子内驱力的影响，以及正确的立场该怎么呈现。

案例一：孩子情绪激动，在沟通中不尊重父母

媛媛 11 岁，是一个红色性格特征很明显的孩子，遇到不开心的事情很容易生气、发脾气，有时候能持续一整天。当她生气的时候，父母尝试和她沟通，她基本充耳不闻，甚至还会说一些不尊重父母的话，比如"快滚开""关你什么事"，等等。

这种情况下，父母该如何和媛媛沟通，引导她学会尊重别人呢？

如果只是简单粗暴地给孩子贴上一个"不尊重父母"的标签，那么你想解决的问题就是"如何让孩子在情绪激烈的时候，也能尊重父母"，这就站在了第一种错误立场上"把孩子和问题绑在一起"：父母认为自己没问题，是孩子有问题，是孩子情绪激烈，是孩子无端生气，是孩子说话不尊重父母。父母认为自己要解决的问题就是孩子的问题，要让孩子情绪快速平静下来，能听父母的话，能够文明用语，能够尊重父母。

如果这么做，孩子感受到的是不被理解，"我都这么痛苦了，你竟然看不见"，他会用更激烈的言辞去表达内心的不满和愤怒。你可以回忆一下自己的经历，代入孩子的感受中，想一想自己有没有过情绪失控歇斯底里地呐喊，甚至大发脾气砸东西的时候，那个时候的心声是什么？是不是外在情绪表达越激烈，内在越是无力、伤心甚至绝望？是不是希望通过这种激烈的表达方式，获得身边人的关注？

所以当一个孩子用这么激烈的情绪来表达时，他只是想被

看见，想要父母看见他内心的愤怒，允许他发泄自己的情绪。作为父母，这时候需要做的是陪伴孩子，并且保证他的安全，也保护好自己的安全。

当你看见孩子内心的情绪，理解孩子内心有情绪需要宣泄时，你就和孩子站在了同一立场上，共同面对他所遇到的问题。陪着他，等他的情绪缓和下来，你再向他描述你所看到的、感受到的，告诉他你会陪他面对遇到的问题，也请他下一次使用温和的语言表达自己的情绪。

案例二：孩子爱玩游戏无法自控

青春期的孩子，如果产生了厌学情绪，最容易出现的情况就是玩游戏，或者说沉迷手机里的虚拟网络。他们还没有很好的自制力，玩起来没有节制，导致作息不规律，白天不按时吃饭，晚上熬夜，甚至通宵达旦。父母经常会因为阻止孩子玩游戏，与孩子发生激烈冲突，却往往收效甚微。这种状况让很多父母感到"抓狂"。

作为父母，如果你站在第一种错误立场"把孩子和问题绑在一起"，认为是游戏"拖累"了孩子，是游戏的原因；孩子自控力差沉迷游戏，是孩子的问题，而自己作为父母是没有问题的。那你采取的解决方案就是管教孩子，纠正孩子玩游戏的行为。如果带着这样的立场和孩子沟通，是将孩子和游戏推到同一边，而你站在了他的对立面。

但事实上，孩子玩游戏到迷恋、上瘾的程度，说明孩子对游戏形成了精神依赖。玩游戏并非原因，而是结果，真正的原因在于孩子的精神没有依托，内在的力量不够。从结果出发，问题越解决越严重，只有从原因出发，问题才能得到彻底解决。孩子沉迷游戏，父母要深入了解孩子的状况，找出原因：是学习压力大，通过游戏释放压力？是自己工作忙忽略了孩子，他内心孤独？是教育方式不对，要求严格，压制孩子，他选择到游戏里寻找自我认同感和成就感？还是在现实社交中受挫，在游戏中找到并肩作战的"战友"和归属感？

父母要试着去理解游戏对于孩子而言到底意味着什么，不盲目批评攻击，心平气和地和他多沟通，让他感受到你对他的尊重。尊重是让青春期孩子打开心门和父母沟通的重要前提。同时作为父母要发自内心地，带着欣赏的眼光，去发现孩子的优点和进步，及时、真诚地给他点赞，帮他在现实世界找到价值感、成就感和归属感。

案例三：孩子的请求让父母陷入两难

一位妈妈来找我咨询，她说孩子频繁提出要养猫。之前她和孩子沟通时说："宝贝，如果你可以做好自己的事情，而且有余力照顾小动物的话，我们就买。"接下来一段时间，孩子变得更自律，各方面表现都很不错。但一想到要养猫，她又有很多担心：她和先生都要上班，还要处理各项家庭事务，很可能没时间照顾。一家人没有饲养经验，小猫也是一个生命，照顾不好自己心里也不好受。但如果不养小猫，又怕影响孩子的心情，打击孩子的积极性。

这位妈妈是站在了第二种错误立场"父母包揽所有的问题"，她把所有问题、责任，都揽到了自己身上，左右为难，这对解决实际问题没有帮助。事实上，家里饲养一只小猫，对孩子来说有两方面的好处：一方面，孩子会享受到拥有一只小猫的幸福感，他的情感上会得到陪伴和满足；另一方面，孩子也要承担起照顾小猫的责任，比如给小猫喂食、清理猫砂、和小猫互动、关照小猫的健康……这些可以很好地培养孩子的综合能力。

父母正确的做法是，跟孩子一起先全面了解养猫需要做哪些工作，可以列下清单。再把自己的为难、纠结、担忧告诉孩子，可以坦诚地和孩子沟通：

首先，爸爸妈妈理解你渴望养一只小猫的心情，你喜欢可爱的小猫，喜欢和小猫一起玩，爸爸妈妈能感受到你的快乐。只是爸爸妈妈有一个担心，小猫是一个生命，我们把它带回家，除了和它玩，还要照顾好它，清单上列的，我们需要和你共同完成。

爸爸妈妈都需要工作，所以我们特别担心没有足够的时间照顾小猫，如果因为没有照顾好，它生病了，就会很对不起小猫。爸爸妈妈想了几种解决方案，想和宝贝一起商量一下。第一种方案，我们养一只小猫，约定好你来照顾小猫，主要负责每天和小猫玩、给它喂食、帮它搞卫生、清理猫砂，爸爸妈妈负责带它去医院打疫苗，或者生病了带它看病。第二种方案，我们不养小猫，爸爸妈妈每个月陪你去宠物店或者宠物医院看望一次小猫，你可以和更多小猫一起玩。

这样和孩子沟通，既表达了对孩子的理解和认同，也向孩子呈现了自己的担忧，你和孩子的立场是一致的，内心是相通的。孩子知道他面对的问题是想和小猫玩又要照顾小猫，希望享受饲养小猫带来的幸福感，同时也要承担照顾责任，而你在和他一起寻找解决方案，和他商量怎么做。孩子会主动选择自己想要的，并且为自己的选择负责。

案例四：孩子太敏感

有许多父母因为孩子性格敏感向我咨询：孩子上课回答问题答错了，觉得丢脸，能把自己关房间里不去上学；体育老师批评他，他也觉得丢脸，觉得出丑了，受了很大的委屈；找心理老师做咨询，也觉得丢脸，怕同学知道。这怎么开导孩子？

如果把父母的提问补充完整，应该是"该怎么开导孩子，让孩子不要觉得自己很丢脸"。父母认为孩子太敏感了，这是孩子的问题，依然是把问题和孩子放在一起，站在第一种错误立场"把孩子和问题绑在一起"。

父母希望孩子不要因为这些事情觉得丢脸，坦然接受批评和问题，积极去解决问题。但孩子在这些场景下做错了、被老师批评、被否定，等等，他们确实会产生丢脸、羞愧的感觉，这是人之常情。他们并不知道如何处理自己的这种感受，内心会产生恐惧，害怕自己再度遇到相似的场景。他们的抗拒，是在向父母发出信号，希望父母能够帮他，告诉他如何解决，或者能够出面让他避免这些丢脸的场景。

我给到父母的意见通常是，站在正确的立场上，和孩子站在一起，把人和问题进行分离。先跟孩子的情绪站在一起，让孩子淋漓尽致地表达丢脸时的尴尬和伤心，甚至可以痛哭一场。等他平静下来，温和而坚定地告诉他：课堂上面对老师的当众点评和纠正，确实有点尴尬，同时也是以后经常要面对的挑战，我们可以一起来寻找一下解决方案，下一次就知道如何应对了。

接下来，你可以和孩子一起分析，为什么答错了？为什么会觉得丢脸？是什么让我们这么介意老师的看法呢？之前爸爸妈妈否定太多，鼓励太少……父母也要承担一定的责任。

案例五：冷漠的家庭氛围导致五年级孩子厌学

小斌被妈妈带来找我进行咨询时，已经有一个月没去过学校。之前来咨询因为厌学或人际关系障碍而拒绝上学的孩子，大都是初中生。在十年前，这样的案例绝大部分是高中生。而小斌才上五年级，这让我有些惊讶。

一般情况下，孩子抗拒上学，是因为遇到了学业挫折或者人际挫折。但是经过了解后，我发现小斌在这两个方面并没有遇到障碍，反而可以说游刃有余。小斌的智商非常高，魔方玩得很厉害，画画得也不错，游戏打得也好，从各方面看，都是一个天资很好的孩子。他在学校时，很多男生因为他游戏打得好而崇拜他，经常围着他转。

咨询过程中，我发现小斌的父母之间日常的沟通交流都非常少，彼此很陌生，相互不了解，两人从各自的角度上认知孩子，提供的信息是断层的，很多信息不匹配。进一步深挖发现，这对夫妻虽然生活在同一屋檐下，却几乎没有交流和互动，家庭气氛冷漠疏离。

这对夫妻处理关系的模式就是典型的第三种错误立场"把人和问题分开"：你是你，我是我，孩子是孩子，问题是问题。这对夫妻已经出现了严重的沟通障碍，但双方都回避问题，更不用说解决问题。他们在我的咨询室里，几乎没有交流，整体气氛也是凝固的、冷漠的。我可以想象得到他们的家庭氛围有多么冰冷。如果在一段关系中，我不了解你，你不懂我，没有交流，没有回应，彼此视而不见，回避问题，那这段关系对彼此而言就是束缚。相比于对立冲突的关系，这样冷漠的关系，对双方和家庭成员的负面影响和伤害更大更深远。

咨询过程中，我仿佛看见一个孩子，独自身处如冰窖一般的家庭中，他感觉不到父母之间的爱和亲密，也感觉不到父母对自己的爱和关心。这个高智商高敏感度的孩子孤独、压抑、无助，但性格里的骄傲不允许他向父母祈求关注，因此他选择沉浸在游戏里，享受游戏带来的成就感和自我认同感。

而小斌妈妈在亲密关系中受挫，转而把孩子当作自己的精神寄托，以此来补偿自己的情感需求，她表现出比较强的控制欲，对孩子的事情容易反应过度，关心过度。小斌对此很敏感，他不能理解妈妈的行为，甚至感到厌烦，对妈妈的态度有些不屑，母子关系很紧张。

父母先要正视家庭关系中出现的问题，修复彼此之间的亲密关系，同步进行亲子沟通，才能一步步修复并建立良好的亲子关系。

案例六：希望改善冲突，却又变成回避冲突

一个父母眼中的"乖乖女"，在居家上网课期间，喜欢上看网络小说，开始还有节制，后来逐渐沉迷，熬夜看小说，学习更是被扔在一边，上课只是打个卡。父母忙于工作，注意到女儿的异常时，她已经无法自拔。

爸爸无法接受这样的女儿，认为是网络小说"害"了一直听话的女儿，盛怒之下把她的手机没收，还打了她一顿。女儿以激烈的反抗，表达自己的不满，经常和爸爸发生冲突，甚至学会了说粗话。只要爸爸说话稍微大声一点，她就还以更大声的吼叫，父母要管教她，她就在家里砸东西，有一次甚至从厨房拿出了菜刀。

父母意识到问题的严重性，前来求助，还在现场敞开心扉，郑重地和女儿道歉。女儿也说出了内心的感受，她说自己一直觉得很孤单，父母很忙，只要自己听话，根本不理解她。

父母也表示今后会花更多时间来陪伴孩子。

表面看起来亲子之间已经相互谅解，可是回到家后，情况从一个极端走向了另一个极端：看到女儿我行我素，父母又开始焦虑，但又不希望发生冲突，变回以前的对立状态，不敢直接说。女儿熬夜，父母内心不认可，装作看不见；女儿看见父母的忍让，内心愧疚，也装作没这回事。问题依旧存在，父母和孩子维持着表面的和谐，但内心越走越远。

这个案例中，父母先是站在第一种错误立场"把孩子和问题绑在一起"，然后意识到自己的问题，却又没能找到有效的方法改善局面，选择回避问题，进入第三种错误立场"把人和问题分开"。

和孩子站在一起，需要父母真正地全然接纳孩子，无条件地倾听和关注孩子，接住孩子的情绪，理解孩子行为背后真正的需求。这并非一次敞开心扉的沟通、一次道歉，就可以做到的。父母需要正视问题，坚持运用正确的方法，改变自己的立场、沟通方法，才能真正建好沟通之桥，重建亲子关系。

三个方法，把话说到孩子心里去

我们找到了正确的立场，接下来需要给孩子支持，激发孩子的内驱力，发挥他的潜力，让他更好地成长。那具体该如何表达，才能和孩子进行有效沟通呢？为你准备了三个方法，帮你把话说到孩子心里去。

觉察：看见情绪，理解孩子，理解自己

著名社会心理学家乔纳森·海特在他的经典著作《象与骑象人》中用了一个有趣的比喻：人的情绪就像一头大象，理智就像一位骑象人。如果大象与骑象人协调一致，我们就能控制情绪，动力十足；如果两者各行其是，我们就会纠结、矛盾，甚至被情绪所控制。

回忆一下，当你的孩子有情绪的时候，他是怎样的表现呢？哭闹，愤怒，还是躲起来自己生气？和孩子发生冲突，你也有了情绪，你是怎么做的呢？是在盛怒之下向他发泄情绪，还是及时觉察并叫停，等情绪平静之后再来和他沟通呢？

我们都知道正确的做法是什么，可是往往控制不住自己。所以有效沟通的第一步，就是要及时觉察情绪，觉察孩子的情绪，觉察自己的情绪。觉察代表着我们主动控制情绪，而不是为情绪所控制。如果为情绪所控制，我们就会互相发泄负面情绪，互相攻击、互相伤害，家庭将陷入无休止的争吵当中，无法解决任何问题，反而会将问题复杂化。

但管理情绪并不能一蹴而就，需要掌握正确的方法，也需

要花时间进行练习。三种觉察情绪的方法：

事后觉察：

在冷静下来之后，对事情中双方的情绪做一个复盘。回忆并思考双方在什么情况下情绪爆发？为什么会在这个点上爆发？孩子的情绪是怎样的，表现是什么，诉求是什么？自己的情绪是怎样的，表现是什么，诉求是什么？这样的情况有没有反复发生过？

事后复盘情绪爆发的过程，会让你对情绪越来越敏锐，觉察情绪的时间越来越提前。在复盘后，有必要的话，要采取补救措施，弥补冲突带来伤害，缓和亲子关系。

事中觉察：

随着感知力变得敏锐，在沟通过程中，你就能觉察到自己的情绪和孩子的情绪，发现即将情绪爆发，并且及时叫停，仔细观察自己的想法和情绪是什么，向孩子表达并表示希望他也能说出自己的情绪，双方平和地敞开沟通，避免造成恶劣的后果。

即时觉察：

你在情绪即将发生的当下，马上就觉察到情绪来了，提醒自己："这个情绪是我的，我不能将它发泄在孩子身上。"

探寻：发现需求，给予尊重、信任和爱

情绪产生背后一定有需求。我们可以把情绪作为切入口，

寻找隐藏在情绪背后的需求。

从我们自身来说，在觉察自己的情绪之后，不要去压抑、否定自己的感受，因为隐忍和压制的方式只是靠强力控制情绪，并不能持久，反而会让情绪负担越来越重，最终还是会失控，破坏力也会更强。当情绪出现时，及时觉察，接下来要回到自己的内在，探寻情绪背后的需求，处理这个需求。

比如，看到孩子写作业很慢，你产生了愤怒的情绪。那愤怒背后，是怎样的需求呢？也许是孩子没有按你的期待完成作业，你感觉自己的内心很焦虑，焦虑的背后，又有怎样的需求呢？也许是害怕，你害怕孩子作业写得慢，成绩变差，考不到好学校，没有好的未来。那么你的需求是希望孩子不要受苦，不要因为没有文化过上底层艰难的人生。

探寻情绪背后的需求，就是要回归我们自己的内心。我们每个人在成长过程中，或多或少都会留下一些内心的情绪卡点和遗憾，尤其是童年经历，往往印象深刻、影响深远。当眼前发生的事情触动了我们的情绪卡点和遗憾时，对应的情绪就会出现。所以每个情绪的到来，都是在提醒我们要关注自己未被满足的心理需求，弥补自己的遗憾。

从孩子的方面来说，觉察到孩子的情绪，也尽量不要否定他的情绪，更不要压制他的感受，而是要体会他的感受和情绪，把观察和体会转变成话语，向孩子表达，与他产生共鸣。还要站在孩子的角度，观察和思考孩子情绪背后的需求是什么。孩子与成人不同，他们的需求可能因为各项能力有限无法直接表达出来，这需要我们更有耐心，读懂他的需求。

一般来说，孩子的需求包括生理需求、安全感需求、关注需求、尊重需求、社交需求、独立的需求，等等。比如孩子沉迷游戏，和父母发生冲突，激动的情绪背后，可能是父母对孩子的陪伴不够，这是关注需求；可能是孩子的自我意识快速发展，父母越禁止他越要做，这是独立的需求；可能是孩子没有玩伴，和同龄人交际较少，于是到游戏中寻找同伴，这是社交需求……

当你看到孩子情绪背后的需求时，首先是尊重和接纳，然后和孩子沟通，进行积极的引导，帮助孩子成长。孩子的需求被满足，会获得心灵上的愉快，也会促使他更积极努力。

表达：主动沟通，说出你的感受和期待

我们觉察到自己和孩子的情绪，了解自己和孩子的内在需求，接下来要主动沟通，不压抑自己的情绪，不否定自己的需求，正确地向孩子表达自己的感受和期待，邀请孩子分享他的感受和期待。这时候才是心与心的对话，才是真正的沟通，才是亲子情感的交流。

很多父母觉得自己需要在孩子心中有权威，要建立完美的形象，不习惯向孩子表达自己的情绪和感受。其实，孩子是敏感的、聪明的，他能够敏锐地感知到父母的情绪，也能理解

父母的感受，接受父母的表达。能够和父母谈心，对孩子来说意味着被信任、被尊重。同时他觉得爸爸妈妈有什么事情都和自己说，自己遇到事情，有情绪、有感受、有想法，也理应和爸爸妈妈说。亲子双方有什么都愿意主动和对方沟通，多谈谈心，就能心连心。

实用六步，激励孩子主动行动

这一节，将介绍实用六步沟通法，并通过案例拆解讲解具体用法。这是我结合多年经验总结出来的一套立竿见影的沟通方法，能让你将信息和内心的感受传达给孩子。

实用六步沟通法的步骤分别是：描述事实、表达感受、自我承担、看见孩子、反馈亮点、尊重选择。

第一步：描述事实

实用六步沟通法的第一步是描述事实。

我们需要区分两个概念：事实和观点。事实，是指已经发生或已知存在的事情，是客观的，有证据证明存在。观点，是个体对某一事件的看法或判断，是主观的，无法通过具体证据证明。

试着对比下面的两句话：

（1）你写作业怎么这么慢？

（2）妈妈看到你半个小时写了 4 个生字。

第一句话很明显是在表达观点，"慢"是父母对孩子写作业过程的评判，这种评判会受到很多因素的影响，是非常主观的。第二句话则有明确的客观事实，"半小时""4 个生字"，时间和字数是客观的数字统计，明确表述事实，清晰可衡量。

沟通第一步，要描述事实，而非表达观点。

第二步：表达感受

描述事实之后，第二步是表达自己的感受。

在这一步，同样需要区分两个行为概念：表达感受和发泄情绪。表达感受，是指把自己内心的真实感受描述出来，以"我"开头，是一种发自内心的沟通态度，潜台词是"我想把自己的感受告诉你，并且希望听到你的感受"。发泄情绪，是指把不好的感受和情绪，以指责他人、唠叨、摔砸东西等方式，释放出来，以"你"开头，潜台词是"我这么不开心，都是因为你"。

继续请你对比下面的两句话：

（1）妈妈看到这个场景，心里的感受是生气。

（2）你是不是没脑子，一点点作业写这么慢，气死我了。

很明显，第一句话是表达感受，妈妈说的是自己，准确地表达自己的情绪是"生气"。第二句话则是发泄情绪，指责孩子"没脑子"，"气死我了"前面的主语是"你"，将生气的原因推在孩子身上。

沟通第二步，要表达感受，而非发泄情绪。

第三步：自我承担

如果你没有控制住自己的情绪，任由情绪发泄到孩子的身上，那接下来要做的就是主动承担，切忌逃避责任、漠视问题，更不要用父母的权威压制孩子，为自己做得不对的地方开脱。

你可以坦诚地向孩子承认是自己的错误，是自己没控制好情绪。你可以这么对孩子说："孩子，今天妈妈发脾气了。以前发生过类似的事情，妈妈也很生气。情绪爆发之后，都是直接冲你发火，说你、吼你、骂你，给你造成了很大的压力和伤害，妈妈感到很抱歉。妈妈应该为自己的情绪负责，而不是向你宣泄，妈妈从今天开始改正。"

当你这么和孩子表达的时候，孩子不用担心被指责，会逐渐解除戒备，更容易敞开心扉。而你担当负责的态度，孩子会看见并感受到，他能从你身上学会担当负责，学会反思。

第四步：看见孩子

看见孩子，是指理解孩子当下的处境，感受孩子内心深处的需要。只有感觉被看见，孩子才能对父母全然信赖，才愿意打开心门与父母沟通。

看见孩子，需要我们站在孩子的视角，从当下的情境来理解孩子，体会孩子的情绪：孩子现在的处境是什么？面对的事件是什么？他的压力来自哪里？他的内心感受是什么？父母将心比心地"读"孩子的心，换位思考理解孩子，再将自己体验到的感受反馈给孩子，孩子会充分感受到自己被最亲的人看见。很多时候，被看见，孩子的内心就已经得到抚慰和支持。

看见孩子，理解孩子，我们一定要有意识地去掉脑海中的成人思维。带着成人思维，我们很容易进入对事情的分析，以理解感受开头，说一长串人生经验和道理，这不是孩子需要的，甚至可能导致他的抗拒。站在孩子的视角，需要我们蹲下来，不仅仅是肢体蹲下来，更重要的是"心灵蹲下"，让自己的心和孩子的心"平视"，平等沟通。

在这个过程中，要注意保持中正客观的立场。有的父母会从一个极端走向另一个极端，原来完全看不见孩子，换位思考后觉得孩子内心压力很大，心疼孩子，放弃原则和界限，无底线接受孩子所有的要求。看见是为了给予孩子支持，帮助他面对自己的课题，走好未来的路，而不是造一座没有压力没有竞争的"真空游乐园"，把孩子放在里面与真实世界隔离。

第五步：反馈亮点

孩子感觉自己被看见、被理解，愿意和你敞开心扉聊天了，你可以在沟通中为孩子赋能，用反馈亮点的方式，激发孩子的内驱力。

美国行为主义心理学家斯金纳提出：人的行为是对其所获刺激的函数。如果这种刺激对他有利，则这种行为就会重复出现；若对他不利，则这种行为就会减弱直至消失。其中强化又分为积极强化和消极强化。积极强化是指由于一个刺激物在个体做出某种反应（行为）后出现，从而增强了该行为（反应）发生的概率。

你可以将积极强化的原理运用到和孩子的沟通中，反馈孩子的亮点，强化孩子的正向行为。比如，孩子写作业比较慢，你可以说："上了一天课，已经很累了，回到家还坐在桌前做作业，一小时了还没有动过地方，你让妈妈看到一个很有毅力能够坚持的孩子。今天的作业感觉有点难呢，但是你也没有放弃，没有说不写，妈妈觉得你很有责任心，愿意担当。还有开学这一周，你每天都完成了全部的作业，说到做到，特别守信用！"

如果你能不断发现孩子的优势和闪光点，并且在沟通中告诉孩子，鼓励孩子，他就能建立乐观积极的态度，并用这种态度应对问题，从而保持强劲的内驱力，投入生活和学习中。

第六步：尊重选择

纪伯伦认为：你的孩子其实不是你的孩子，孩子是他们自己，尊重孩子，才是父母最温暖的养育。

著名心理学家阿德勒和德雷克斯也认为：孩子是社会人，所有人是平等的，再小的孩子也有尊严，需要被尊重和鼓励。不能够因为孩子年纪小，就忽略了孩子是一个独立个体的客观事实。每一个人都值得被尊重，无论他的身份和年纪如何变化，只要拥有独立的思想，就应该获得平等对话的权利。

孩子是独立的个体，有独立的人格，父母只有从内心尊重孩子，他才能感受到这份尊重，才可能与父母产生"心"的交流。尊重孩子，是说父母要蹲下来，剔除作为父母的高高在上，将孩子当作独立的人，像对待大人那样对待孩子，像和大人沟通那样和孩子沟通，尊重他的独立自主意识，尊重他的学习成长规律，尊重他的选择权和决定权。

尊重是亲子平等交流的基础，得不到尊重的孩子，大都和父母的关系疏离。对于父母的"高高在上"，他们无法产生孺慕之情，反而会有恐惧、排斥甚至厌恶的心态。在最亲近的父母那里得不到尊重，他们会怀疑自己，失去自信和底气，觉得自己无法掌控人生，变得自卑怯懦，无法形成独立健全的人格。他们也学不会尊重，不会尊重父母，不会尊重他人，甚至不会尊重自己。

因此，无论沟通的出发点是什么，你都需要以尊重为前提，表达自己的感受和期待，也充分尊重孩子的独立性和选择权。

继续以写作业慢的场景来举例，你可以和孩子说："妈妈很心疼你现在的情况，接下来我们有两个选择，第一个选择是我们用最快的速度完成作业，剩下的时间痛痛快快去玩；第二个选择是实在不想写作业，我们就不写了，你去休息去玩，同时我们要做好心理准备，自己需要面对不写作业带来的后果，明天去学校，接受老师的批评或惩罚。现在由你来决定，无论选哪一个，妈妈都支持你。"

如果孩子说："我还是想写完作业。"你可以继续问孩子："那么你想什么时候开始写呢？5分钟后还是10分钟后呢？你计划用多少时间来完成作业呢？"可以和孩子一起将一小时拆解成两个番茄钟，然后，专注地完成它。

这里的关键在于，无论孩子做出怎样的选择，你都要尊重他的选择，支持他的选择，哪怕这个选择和你的期待相背离。如果他选择不写作业，明天接受老师的批评，你也要克制自己阻止孩子的冲动，尊重孩子作为独立个体做出的选择和应当承担的责任。

案例拆解

实用六步沟通法的六个步骤是层层递进、环环相扣的。

描述事实是基础；基于事实表达感受，向孩子敞开自己的心门；自我承担，向孩子示范界限和责任；看见孩子，打开孩子的心扉，了解孩子的真实内心；反馈亮点，鼓励孩子，唤起他内心的力量；尊重选择，将主动权交给孩子，对事情做出行动上的推动。

这六个步骤在日常亲子沟通中，该如何具体应用呢？不同的亲子沟通场景，分别有哪些注意事项呢？

接下来，我用实际案例来进行拆解分析，告诉大家如何更好地运用这六个步骤。

案例一：父母和孩子爆发激烈冲突

一天晚上，我接到一位妈妈的紧急求助，她说自己和丈夫、小儿子都被大儿子关在家门外，他将自己反锁在家里。原因是孩子玩游戏的时间太长，妈妈一怒之下把网线拔了，孩子被激怒，强烈抗议妈妈的行为，把家人赶出去锁在门外，还放话说："如果你们进来，我就从楼上跳下去。"妈妈既担心又崩溃，一方面担心孩子真出了事怎么办；另一方面，孩子一直不肯开门，她和先生也不知道该怎么做。

当时情况紧急，我快速将六步沟通法教给这位妈妈，让她先和孩子沟通，解决眼前的问题。具体的表达如下：

第一步：描述事实

"儿子，现在爸爸妈妈和弟弟都被锁在了门外，你自己一个人在家里面。"

第二步：表达感受

"妈妈很伤心，也很担心你一个人在家，是否安全。对爸爸妈妈来说，你的安全是最重要的。"

第三步：自我承担

"看到你现在这么激动，妈妈意识到，是妈妈解决问题的方式太简单粗暴了，把网线断掉这个行为，让你感到特别愤怒。在你的成长过程中，也有很多次同样的情况，妈妈有了情绪就不管不顾宣泄出来，没有顾及你的感受。你的委屈和愤怒，妈妈也没有用心看见，而是直接压制你的情绪，让你感到难过和受伤，妈妈很抱歉。"

第四步：看见孩子

"今天你正在打游戏，妈妈把网线拔掉了，就好像突然把你从喜欢的世界里给拽出来。而你打到一半突然下线了，队友那里无法交代，这一局没有成绩，前面的可能都白打了。妈妈现在能理解你为什么这么生气。"

第五步：反馈亮点

"其实，一直以来，你都是一个懂事贴心的孩子。妈妈还记得，你才8岁就用自己的零花钱买领带给爸爸作为生日礼物。一直到现在，爸爸都是在重要场合才舍得拿出来戴，每次还骄傲地告诉别人，这是儿子送的。你也一直很疼弟弟，有什么好吃的、好玩的，都会让给弟弟。弟弟哭了，你比妈妈还紧张，会抢先去看他安慰他。妈妈批评弟弟，弟弟委屈难过的时候，你也会挡在弟弟面前，让妈妈不要再说弟弟了。"

第六步：尊重选择

"今天发生的事情，让妈妈意识到自己犯了很严重的错误，是妈妈不当的行为让你这么愤怒。儿子，妈妈理解你此刻的心情，更担心你的安全，希望你能把门打开，我们坐下来面对面沟通，如果你想玩游戏，我们可以讨论一个双方都能接受的约定和规则。如果你还是非常生气，不愿意开门，也没关系，爸爸妈妈和弟弟先去旁边的酒店住，不过妈妈希望你能回话，爸爸妈妈想听听你的声音，确保你现在是安全的，这样爸爸妈妈才能放心。"

妈妈按照我的指导，马上和孩子进行了沟通，孩子很快冷静下来，把门打开。一次非常紧急的事件，被比较快速地解决了。实用六步沟通法虽然简单，但效果非常明显。

当然，这个个案中，孩子的网瘾和亲子冲突对立的问题，成因比较复杂，存在时间也比较久。事件发生后，我又为这一家人进行了持续的家庭咨询服务

案例二：孩子熬夜打游戏

一位妈妈找我咨询，说道："老师，暑假后延期开学，孩子在家上网课。每天都要熬到凌晨四五点才睡觉，白天上课就打个卡，根本不听课，这该怎么办？"

了解详细情况后，我一步步指导她和孩子沟通。

第一步：描述事实

"孩子，妈妈看到你打游戏打到凌晨 4 点半，只睡了 3 个小时就起来上课了。打了卡，你就困得在桌上趴着睡了。"

第二步：表达感受

"妈妈挺担心你的，一方面是担心你没有听到课，学习落下了，后面又要补，需要花费更多的时间和精力。另一方面，妈妈更担心你的身体健康，熬夜对身体的损伤太大了。"

第三步：自我承担

"妈妈一担心就喜欢唠叨你。妈妈自己也觉察到了这个问题，这是我没有处理好自己的情绪，看到你玩游戏，就会焦虑担忧，忍不住反复唠叨你、催促你，甚至有时候批评你、吼你。尤其是学习上，总被妈妈唠叨，说你做得不够好，不够认真。这种事情频繁发生，是不是给了你很大的压力？妈妈要向你道歉，确实以后要改掉这个坏习惯。"

第四步：看见孩子

"现在你在家上网课，见不到老师和同学，没有老师的反馈和同学的陪伴，每天一个人学习确实会很无聊。学习本来就枯燥乏味，现在还给你增加了难度。相比起来，打游戏能让人放松很多。而且游戏一关一关的闯关设置，能够不断冲刺升级，让你拥有成就感。游戏里你还能和队友互动，建立战友情谊，收获归属感。"

第五步：反馈亮点

"妈妈看到你是一个有责任心的学生。尽管睡得很少很困，你还是会准时上线打卡签到上课，遵守学习要求。"

第六步：尊重选择

"晚上睡得太少，妈妈确实很担心你的身体健康，也怕你把学习落下。妈妈想和你商量下，如果游戏能让你放松，让你快乐，可以用白天的时间来打游戏，晚上准时入睡，确保身体健康。"

在这个问题的解答中，你也许会疑惑：这样做是不是太纵容孩子了？孩子已经通宵熬夜打游戏，我们竟然还允许他白天打游戏，不是应该直接没收手机、断掉网络吗？

在这个个案中，孩子通宵打游戏，已经说明问题存在很久了。首先，父母在孩子小的时候没有培养并建立规则意识，没有养成早睡早起的规律作息。目前孩子已经成长到青春期，重新建立规则培养习惯，需要先修复关系。

其次，孩子玩游戏成瘾，说明孩子已经存在严重的厌学心理。简单粗暴地没收手机、切断网络，不仅起不到教育效果，还会引起反作用，让他出现严重的叛逆行为，和父母爆发激烈的冲突。所以父母要学会和孩子正确沟通，通过沟通不断拉近自己和孩子内心的距离，重建孩子内心的力量，唤醒孩子的内驱力，引导并推动孩子养成良好的习惯。

案例三：同一件事和孩子说很多次都没有效果

以起床为例子，"我的孩子每天起床都要催，我叫好几次，他还赖在床上，我俩每天都要因为这事斗几句嘴，有没有办法可以让他自觉起床呢？"

第一步：描述事实

"孩子，现在是 7 点 20 了，我们 7 点 40 要出门上学。闹钟响过三次，妈妈也叫了你两次，你还没起来。"

第二步：表达感受

"妈妈有些着急，你还要换衣服、洗漱、收拾房间、吃早餐，我担心我们的时间会来不及，你上学可能会迟到。"

第三步：自我承担

"妈妈想了下最近的情形，每天早上叫你起床，妈妈都很容易急躁，跟你生气。有时候我俩还会吵起来，出门的时候都气呼呼的。一早上生气，妈妈一天的心情都可能不好，相信你也一样。妈妈反思了下，按时起床上学是你的事情，处理好自己的情绪是妈妈的事情，但妈妈把两件事混在一起了，总是干涉你的事，却没有做好自己的事。"

第四步：看见孩子

"妈妈注意到每天到起床的时间，你好像还是很困，想要多睡一会。可是上学的时间是固定的，不起来又会迟到。没睡够也很难受。妈妈以前上学也有过这样的体会。"

第五步：反馈亮点

"其实你每天也都在出门时间之前起来了，能够按时到学校，并没有迟到。而且你在学校学习了几个小时，回到家还能积极完成作业，并且经常得到'优秀'，妈妈看到你是个对自己学习负责，又认真的孩子。"

第六步：尊重选择

"现在已经 7 点 25 分了，如果你现在起来，动作快的话时间还够，你能吃点早餐，我们也不会迟到。如果你真的觉得很困，还想多睡一会，也可以选择睡到自然醒，不过就没时间吃早餐了，去学校也会迟到，你可能要面对老师的批评。你自己来决定，现在起来，还是睡到自然醒？又或者你想 5 分钟后起床？"

在这个案例中，第三步自我承担，关键是父母要学会厘清责任边界，分清楚自己的事和孩子的事。上学是孩子的事，迟到被老师批评是他要面对的结果。父母因此而产生的着急、生气等情绪，是父母的事，要自己解决，不能归咎于孩子。父母能够保持情绪稳定，允许孩子体验迟到被老师批评的结果，他就会自主承担起按时起床上学的责任。

案例四：孩子拖延严重

一位妈妈来找我咨询：孩子才三年级，就没有动力学习，每天作业要拖到很晚，想提高孩子的效率，要怎么沟通呢？

第一步：描述事实

"妈妈看到你一小时写了两行生字。"

第二步：表达感受

"妈妈有些生气。"

第三步：自我承担

"在你写作业这件事情上，妈妈总是很容易生气。因为妈妈觉得写作业是一件很简单的事情，赶紧写完你可以多玩会，晚上也早点睡觉。妈妈发现自己没有站在你的角度，理解你的困难。因为妈妈一生气就批评你，说你'拖拉''磨蹭''慢'，甚至有时候说你'笨'。这是妈妈需要改进的。妈妈觉得作业简单，但对你来说作业还是有难度的，你写作业本来就有压力，妈妈还在你旁边盯着你，给了你更大的压力。"

第四步：看见孩子

"上了一天课，已经很累了，回家还要写作业。每天都写，今天写完了，明天还有，作业没完没了，好多好烦啊，要是不用写作业就好了。妈妈学生时代也有过你这样的想法，有时候真的非常不想写。"

第五步：反馈亮点

"你坐在这里一小时，坚持写作业，没有放弃。虽然有时候写得很晚，但你每天都会完成。上次你的语文作业书写工整，被老师点名表扬了。所以妈妈知道，你对待作业的态度是非常认真的。"

第六步：尊重选择

"写作业，是为了帮我们巩固白天学习的知识，但是如果我们要花好几个小时来完成，不但起不到巩固的效果，还会浪费时间。如果你实在不想写，我们不如把这个时间用来做其他更有意义的事情。我们现在有两种选择，是继续这样慢慢写还是高效地完成它。要么我们来挑战一下，看看能不能用两个番茄钟完成作业，还能多半个小时的自由支配时间，玩你喜欢的乐高。来，我们尝试一下？"

在这个案例中，孩子年龄比较小，只上三年级，父母可以直接给出建设性意见，让孩子从中做出选择。采用限时完成的方法，可以帮孩子认识时间，建立限时完成的习惯。如果超过约定时间，就要让孩子停下来，体验没有完成作业会发生什么，他需要承担什么。如果一直以完成为目标，无限制地投入时间，那么随着孩子学业越来越重，作业的数量和难度会不断加大加强，他花的时间会越来越多，长期下来不仅身体承受不住，学习的内驱力也会被消耗。

案例五：女儿早恋，线下奔现

一位妈妈来向我求助："女儿初三，有些叛逆，在和一个高一的男生谈恋爱。以前在网上聊，现在要线下见面。我很担心她，但如果阻止，女儿又会和我们吵架，我该怎么办？"

第一步：描述事实

"女儿，你和这个男生三个月前在网上开始谈恋爱，现在你们就要见面了。这个过程，你都告诉了妈妈，妈妈很高兴你能相信我。"

第二步：表达感受

"说实话，想到你要和男生约会，妈妈有些感慨，但更多的是担心。感慨是在于你在长大，心智慢慢变得成熟，恋爱本身是一种美好，只是确实这个年龄有点早。同时，爸爸妈妈也不能强加干涉，只是妈妈想把我的担心告诉你，毕竟你是女生，需要好好保护自己，我们担心你受到伤害，也担心你因为恋爱消耗了大量的时间精力从而影响学业。相信你能理解妈妈的这些担心。"

第三步：自我承担

"你谈恋爱的这段时间，妈妈想了很多。在你成长的过程中，爸爸妈妈忙于工作，陪你的时间比较少，也缺少情感的交流，大部分时候都在要求你认真学习，要求你做这做那，只关注事情、关注成绩，却没有关注你的内心，让你孤独地成长。现在你遇到一个男生，他非常懂你，总能把话说到你心里去，你有了被理解被爱的感觉。妈妈感觉很抱歉，没有成为你的知心妈妈。"

第四步：看见孩子

"妈妈看到这几个月你和这个男生聊得很开心，比前段时间开朗了很多。我能够感受到你的快乐。我们每个人都渴望被爱被看见被理解。能遇到一个人发自内心地关心和欣赏自己，能从中得到安慰和力量，妈妈能理解。"

第五步：反馈亮点

"从小到大，你一直是一个很真实很坦诚的孩子，所以你恋爱了，也没有隐瞒，而是坦诚地告诉了爸爸妈妈。现在你们要见面了，你也提前和我们沟通。"

第六步：尊重选择

"妈妈必须承认自己内心里是不支持你现在谈恋爱的，原因你也很了解，首先你没有成年，身体和心智都尚未成熟，而且你正在念初三，马上中考，这是影响未来的关键时期。不过你已经15岁，有了自己的想法和主见，也有自己的情感需要。如果你能够和男生先以朋友的身份相处，彼此督促，相互支持，共同进步，这样更好。如果继续和他发展，妈妈希望你一定要坚守底线，保护好自己，学会对自己负责。"

这类型的个案中，父母很容易走向两个极端。一个是将早恋视为"洪水猛兽"，发现孩子有早恋苗头就横加干涉，甚至动用强硬手段阻挠孩子的恋情，斩断双方的联系。其实孩子进入青春期本就会对异性好奇，产生了解异性的渴望，初恋发生在这个年龄阶段是再正常不过的事情。如果孩子投入很多精力去恋爱，很大原因是家庭中的情感缺失，无法从父母身上感受到足够的支持，所以将情感转移，寄托在有好感的异性身上。如果父母不管不顾，强力阻挠，会进一步破坏双方的信任，孩子得不到父母的尊重和理解，更容易投入恋人的怀抱。比如这个个案，如果父母把孩子关在家里，不让他俩见面，孩子可能不会再和父母分享自己的恋爱，她会将恋情转入"地下"，父母无从得知孩子的情况，无法及时引导孩子做出正确的选择，最终可能酿成大家都不希望看到的结果。

另一个极端是知道不能强力阻止孩子恋爱，于是放弃了自己的原则和底线，失去自己的立场，无条件接纳孩子所有行为。这有可能会造成事情失控。孩子心智尚未成熟，可能并不知道自己的行为将带来怎样的结果，所以我想强调一下，父母一定要在孩子很小的时候就要开展性教育，女孩子要从小知道如何保护好自己，让孩子明白什么是不能做的，什么行为会引发严重后果。父母也可以以开放的态度和孩子分享与异性相处的注意事项，包括如何表达情感，如何保护自己的安全，如何承担责任，等等。

案例六：孩子总是闹脾气

一位学员提问："儿子现在 5 岁，很喜欢汽车类的玩具，家里已经有很多了，但他每次去超市、商场，看到了就吵着要买，不买就闹脾气，又哭又闹又打滚，该怎么沟通呢？"

第一步：描述事实

"宝贝，你很喜欢这个玩具汽车，是吗？确实很美，咱们家里已经有三个一样的小汽车啦。"

第二步：表达感受

"现在你又要买一个，妈妈很为难。如果不买，你会很失落，觉得妈妈不爱你。如果买了，我们已经有好几个了，会很浪费。"

第三步：自我承担

"妈妈以前没有坚定的立场，宝宝想要小汽车，妈妈就答应你给你买了，导致家里有很多小汽车，其中还有好些一模一样的。因为家里已经有很多了，所以今天这个小汽车我们不买了。"

第四步：看见孩子

"宝贝现在很想要这个小汽车，想要把它带回家，可是妈妈不能同意"。

"妈妈不同意你把小汽车买回家，你很伤心，想要哭一会儿。妈妈等你哭好了，我们再回家。"（如果孩子开始哭闹，可以这样说。）

第五步：反馈亮点

"宝贝，妈妈知道你一直是一个很讲道理的小朋友，很懂事很贴心，我们回家。"（等他哭完。）

第六步：尊重选择

"你想要再哭一会。1分钟还是2分钟呢？妈妈等你哭完了，我们一起回家。"（孩子还是赖着不走，继续哭。）

幼儿期，是孩子建立规则的黄金时期。沟通中采用这六个步骤，要做到立场坚定、态度温和，既要表达我们的原则，也要允许孩子哭闹，陪着孩子释放他的情绪。这样做既能建立规则，也能让孩子感觉到我们对他的关注和爱，连续几次，你会发现孩子再也不会又哭又闹了，因为他发现没用。

案例七：初三的孩子拒绝上学

鑫鑫，16岁，就读于深圳一所重点中学，初三上学期即将结束的时候，和爸爸妈妈说不想去学校上学了。此时距离中考只有半年时间，妈妈很着急，也很吃惊。在她眼里，自己的孩子一直品学兼优、听话懂事。

妈妈说自己听到孩子说坚决不去学校的时候，非常震惊。她和孩子爸爸试图和她沟通，孩子却表现出前所未有的激烈对抗，每一次都是以冲突开场，再以更强烈的冲突收场。妈妈情绪崩溃，不知道自己该怎么办，经朋友推荐来求助我。

我了解到鑫鑫是一个红色性格明显的孩子，妈妈在孩子的教育方式上多采用黄色性格的方式，爸爸则忙于工作，陪伴的时间比较少。妈妈希望他更优秀，不断让他做得更好一点、再好一点。平时和孩子沟通，妈妈说得多的也是表现、成绩。如果看到鑫鑫出现一点小小的失误或问题，妈妈都会指责、批评。爸爸妈妈没有意识到自己的教育方式存在问题，只看到鑫鑫很乖很听话的表现，觉得很满意。直到鑫鑫拒绝上学，积累的问题大爆发，他们才意识到自己在孩子教育中存在失误。

进入初三，鑫鑫在学业上遇到了困难，加上学校竞争激烈，让她感觉到巨大的压力。还和同学发生了矛盾，不知道该如何处理。学习压力和人际挫折，让她产生严重的厌学情绪，甚至出现抑郁症状。经过咨询，鑫鑫的爸爸妈妈才真正意识到问题有多严重，也决定沉下心来跟我学习，参与我的课程并接受 1 对 1 咨询辅导。

我对这个家庭进行了四个阶段的辅导：第一阶段，忽略孩子当下的行为，关注内心，让他的情绪得以充分释放，拉近亲子关系；第二阶段，鼓励孩子独立自主地承担部分家务，独立照顾好自己，培养他的责任心；第三阶段，鼓励孩子走出去，和身边的人互动沟通，练习与人交往的能力；第四阶段，激励孩子回到学校，重新面对学业和中考。

在这四个阶段中，贯穿始终，并起到最大作用的是实用六步沟通法，我把方法一步步手把手教会鑫鑫的爸爸妈妈。

具体的问题，沟通侧重点有一些不同。比如，孩子休学在家，长时间玩游戏。

第一步：描述事实

"爸爸妈妈看到你休学在家作息不规律，白天睡觉，晚上打游戏时间长达 10 小时以上。"

第二步：表达感受

"爸爸妈妈很心疼你，也很焦虑和担心，时间长了，怕你回不去学校，还把身体搞垮了。"

第三步：承担责任

"你休学爸爸妈妈要承担主要责任，爸爸忙于工作，对你的陪伴太少，妈妈对你期待太高，又容易焦虑，给了你很大的压力。"

第四步：看见孩子

"爸爸妈妈之前的教育观念太落后，把游戏看作洪水猛兽，看到你打游戏我们就紧张，怕耽误了你的学业，没能站在你的角度理解你的需求。打游戏是你的社交方式，适当打游戏可以让你暂时忘记烦恼、释放压力，还能在游戏中找到掌控感、自主感、成就感，建立自信。"

第五步：反馈亮点

"你从小就很有上进心、进取心，对自我要求很高，不甘于落后，是我们的方法不对，总是盯着你没做到的地方，否定你、打压你，让你在学习上对自己失去了信心。所以休学不代表你无能，而是我们父母需要反思和改正。我们会给你时间调整和休息，直到你准备好，重返校园。

"你从小就很讲道理，有时间观念和规则意识，每次跟你约定的事情，只要你同意的，都会说到做到。"

第六步：尊重选择

"你适当打游戏我们不反对，但是你还未成年，保证你的身心健康是我们做父母的责任，而你这个年龄特别渴望得到自由和尊重，爸爸妈妈需要重新学习如何更好地尊重你，不再因为吃饭、睡觉问题反复唠叨。你在 22:00 前熄灯睡觉，按时吃饭，保证自己的健康，让我们安心，其他的我们会放手和尊重你，给你空间和信任。"

爸爸妈妈和孩子沟通的侧重点在于，表达自己的担心和反思。孩子进入青春期，有独立自主的需求，孩子站在爸妈的对立面时，一旦发生矛盾就会下意识地进行对抗。所以不建议纠正或是阻止孩子的行为，爸爸妈妈需要回归自身，反思自己的行为，并且表达出对孩子的关心和爱。

到第四个阶段，鑫鑫回到原来休学的学校。在与他沟通中同样使用六个步骤，只是要更侧重后面三个步骤，爸爸妈妈先理解他，看见他的压力和担忧，同时也要相信他，和他一起分析回学校可能要面临什么样的局面，无论遇到什么，爸爸妈妈始终跟他一起，陪他共同面对。

持续一年多的咨询，面对每一个大大小小的问题，爸爸妈妈都使用这六个步骤进行沟通。慢慢地，鑫鑫也学会了用这种方式和爸妈沟通，承认自己面对学业有了恐惧，开始积极调整自己的状态，并承担自己在学习上的责任。

实用六步沟通法，非常简单明了，也很容易掌握。但我需要提醒大家，并不是使用了这六个步骤，孩子马上就会发生改变。如果你的孩子比较小，尚未开始建立规则，这个沟通方法见效更快，收效明显。如果孩子已经到了一定年龄阶段，独立自主的意识已经形成，或者你和孩子的亲子关系比较差，持续时间可能需要几个月、一年甚至几年的时间。

教育，需要为人父母具备耐心，更要相信孩子会在你的用心陪伴下发生改变。

每个孩子心里都拥有一颗内驱的种子，需要父母用智慧去守护、激活。经营良好的亲子关系，是唤醒孩子内驱力的基础；读懂性格，因材施教，能够让孩子与生俱来的潜力充分发挥；三力培养，让孩子的内驱力有了坚实稳定的内核基础；有效沟通的六个步骤，构建了从目标到实现的桥梁。希望每一位看到本书的家长，读透这本书、用好这本书，在亲子互动中进行实践，建立彼此信任、合作共赢的亲子关系，进而激活孩子与生俱来的内驱力。